もしドラッカーが日本の総理ならどうするか？

公開霊言

マネジメントの父による国家再生プラン

大川隆法

RYUHO OKAWA

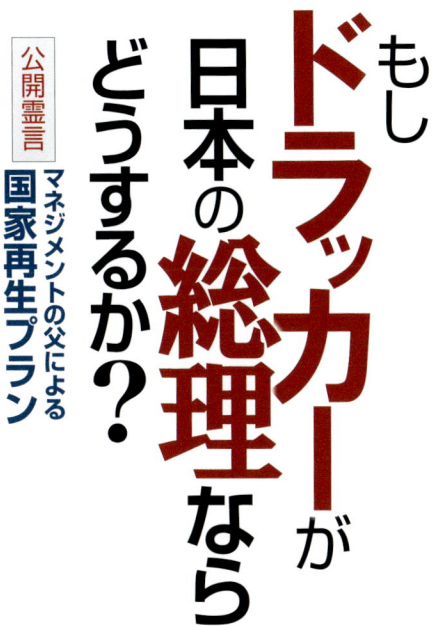

まえがき

多言《たげん》を費《つい》やすつもりはない。近年の日本の総理のていたらくを見れば、「もしドラッカーが日本の総理なら」という発想は、天《てん》の啓示《けいじ》にも等しかろう。ぜひそんな総理に出て来てもらいたいという願望もこめて、本書を世に問いたい。

二〇一一年　二月十六日

HS政経塾名誉塾長《せいけいじゅくめいよじゅくちょう》　大川隆法《おおかわりゅうほう》

もしドラッカーが日本の総理ならどうするか?　目次

もしドラッカーが日本の総理ならどうするか？

二〇一一年一月十三日　P・F・ドラッカーの霊示

CONTENTS◆もくじ

Chapter 1

日本の政治に企業家的発想《きぎょうか》を

Chapter2

未来社会の創出へのヒント

Chapter3

今、日本の外交にいちばん必要なこと

「霊言《れいげん》現象」とは、あの世の霊存在の言葉を語り下ろす現象のことである。これは高度な悟りを開いた者に特有のものであり、「霊媒《れいばい》現象」（トランス状態になって意識を失い、霊が一方的にしゃべる現象）とは異なる。また、外国人霊の霊言の場合には、霊言現象を行う者の言語中枢《ちゅうすう》から、必要な言葉を選び出し、日本語で語ることも可能である。

もしドラッカーが日本の総理ならどうするか？

二〇一一年一月十三日　P・F・ドラッカーの霊示

ピーター・F・ドラッカー（一九〇九～二〇〇五）

オーストリア生まれの経営学者、社会生態学者。『現代の経営』『イノベーションと企業家精神《きぎょうか》』などの数多くの著作は、世界の企業経営者に大きな影響《えいきょう》を与《あた》え、その業績から、「マネジメントの父」と称《しょう》される。

司会

江夏正敏《まさとし》（HS政経塾塾長）

質問者

伊藤希望《のぞみ》（HS政経塾生）

城取良太《しろとりりょうた》（同右）

吉井利光《よしいとしみつ》（同右）

［役職は収録時点のもの］

プロローグ

幅《はば》広い人たちに「考えるヒント」を提供したい

大川隆法　昨年（二〇一〇年）は、「もしドラ」という言葉が流行《はや》りました。これは、『もし高校野球の女子マネージャーがドラッカーの「マネジメント」を読んだら』（岩崎夏海著、ダイヤモンド社刊）というタイトルの小説の略称《りゃくしょう》で、その本は、年間ベストセラーの一位になり、有名になりました。

内容は、女子高生が、ドラッカーの本を読んで、野球部のマネージャーとして成功するというものですが、確かに、着想は面白《おもしろ》いと思います。ビジネスエリートしか読まないような難しいドラッカーの本と、女子高生の野球部マネージャーとを結び付けたところは、異質な発想であり、一つのイノベーションだと思います。また、高校生が読めるレベルの内容ではありました。

ただ、翻《ひるがえ》って考えれば、ドラッカーに高校野球のチームのつくり方を学ぶというのも、少しさみしいレベルではあります。

本来ならば、やはり、「ドラッカーが日本の総理だったらどうするか」ということを訊《き》きたいところですね。これが、多くの人のニーズに応えることになるのではないかと思います。

政治家や官僚《かんりょう》、財界人だけでなく、一般《いっぱん》の選挙民や大学生、高校生まで、そういう意識を持っていただければありがたいと思うので、本当は「総理学」になるような内容でもありましょうが、今日は、できるだけ分かりやすい言葉で、幅《はば》広い人たちに「考えるヒント」を提供できればと思っています。

そういう意味では、値段の付かないような本になる可能性が高いと思います。

また、同時に、HS政経塾［注］の世間へのお披露目《ひろめ》も兼《か》ねることができれば幸いであると考えています。

HS政経塾生は、やはり、日頃《ひごろ》の勉強や活動の成果をどこかで試《ため》さなければいけません。この「もしドラ総理」で、日頃の鍛錬《たんれん》、精進《しょうじん》の成果として、ドラッカーからうまく意見を引き出すことができたならば、それは、国民全体に対して非常に大きな利益をもたらすことになるだろうと思いますし、塾生にとっても、将来の仕事において大きな希望になるのではないかと思うのです。

小説であればほかの人でも書けるかもしれませんが、ドラッカー本人は亡くなっているので、「ドラッカーならどう言うか」ということを生《なま》で語ってもらうのは、私以外には絶対にできないことです。今回は、それにトライしてみようと思います。

質問者は、いろいろな日本の問題点を訊かなければいけないとは思いますが、読者を想定して、分かりにくいことや、もっと訊いてみたいことがあれば、いろいろと、気軽に訊いていただいて結構かと思います。そんなに怖《こわ》い方ではありませんので、大丈夫《だいじょうぶ》でしょう。

趣旨《しゅし》はそういうことですが、これは、今の日本の政界に献本《けんぽん》して読んでいただきたいような内容の本になると思います。

P・F・ドラッカー霊《れい》を招霊《しょうれい》する

それでは、呼んでみましょうか。

（合掌《がっしょう》）

当会の支援霊《しえんれい》でもあられる、P・F・ドラッカーの霊よ。どうか、HS政経塾生のためにご降臨たまいて、この日本の国のあり方、あるいは、あなたが、「もし日本の総理であったらどう考えるか」ということについての質問をお許し願いたいと思います。

P・F・ドラッカーの霊よ、P・F・ドラッカーの霊よ、どうか、われらをお導きください。

（約五秒間の沈黙《ちんもく》）

ドラッカー　うん。去年もよく出たんだけどね（『ドラッカー霊言による「国家と経営」』『ザ・ネクスト・フロンティア』〔共に幸福の科学出版刊〕参照）。まあ、大してベストセラーにならなくて、申し訳なかったので、今回は頑張《がんば》ってみようかね。

江夏　本日はありがとうございます。私は、ＨＳ政経塾の江夏と申します。

ドラッカー　うん。

江夏　ドラッカー先生、今、地上では、『もしドラ』と呼ばれる本が、今年の初めに二百万部を突破《とっぱ》したと言われて……。

ドラッカー　二百万部？　おお！

江夏　はい。大ブームになっております。

ドラッカー　私の本は、そんなに売れたかなあ（笑）。

江夏　ドラッカー先生の本は、本当にビジネスマンのバイブルになっております。ただ、今の日本は、政治の世界が混沌《こんとん》としていて、日本国民も、かなりうんざりしているのが現状です。

そこで、今日は、「もし、ドラッカー先生が日本の総理ならどうするか」という想定で、お話を頂ければと思います。

ドラッカー　それは難しいねえ。私には被《ひ》選挙権がないから、まあ、実際にはなれない立場の質問ではあるし、失礼になることも多々あるかと思います。

ただ、「もし」ということで、フィクション的な前提の下《もと》に意見を述べるということであれば、塾生さんたちのご質問にお答えするかたちで、「私なら日本の国をどういうふうに考えるか」ということをお話しできるかとは思いますけど。

江夏　ぜひ、よろしくお願いいたします。

［注］ＨＳ（ハッピーサイエンス）政経塾とは、未来の日本を背負う、政界・財界で活躍《かつやく》するエリート養成のための社会人教育機関。既成《きせい》の学問を超《こ》えた仏《ぶっ》法真理《ぽうしんり》を学ぶ「人生の大学院」として、地上ユートピア建設に貢献《こうけん》する本物の人材を多数輩出《はいしゅつ》するために設立した。

Chapter 1

日本の政治に企業家的発想を

1 国を富ませるイノベーションが必要

江夏　それではさっそく、塾生の伊藤のほうから最初に質問させていただきます。

ドラッカー　ああ、そうですか。

伊藤　ＨＳ政経塾生の伊藤希望《のぞみ》と申します。今日は、本当に貴重な機会を頂き、ありがとうございます。

ドラッカー　うん。

伊藤　さっそくですけれども、今、塾長からもありましたように、現在の日本は、財政赤字とか、少子高齢化《こうれい》とか、たくさんの課題を抱《かか》えています。そこで、もしもドラッカー先生が総理になられたとしたら、いちばんやりたいことは何でしょうか。それをお教えいただければと思います。

政府ができることには限界がある

ドラッカー　うーん。まあ、一般《いっぱん》には、政府というのは、民間企業《きぎょう》とは違《ちが》ってね、事業体としては「非営利事業」であることは間違《まちが》いないんだよ。企業は、利益のために活動するのが本筋だから、儲《もう》からないことはしないよね。だから、企業活動に任せておくと、国民生活に関して、手をつけない部分が必ず残るわけです。

そういう非営利部門について、国が税金を集めることによって、民間企業なら利益が出ないのでやらないことを、国が代わりにやってくれることを期待されているわけですよね。

しかし、それでも、一定のバランス感覚は必要です。利益を生まないことを国が代わりにやるといっても、当然、湯水のごとくお金を使うわけにはいかないよね。それができるのであれば、言うことはありませんけれども、実際は、そうはいかないから、政府ができることには、どうしても、ある程度の限界というか、限定はかかってきます。

予算として税収の限界がありますから、その意味で、効率のよい税金の投入や、投資ということに関しては、やはり、企業と変わらないような「冴《さ》えた目」を持っていなければいけないところはありますね。

「何もかも、政府の責任である」ということになれば、これはもう完全な共産主義国家、全体主義国家になってしまいますので、それは間違いだと思うのです。

だから、「企業でできることは企業でやるのが本筋だ」というのが、基本的な考え方ですね。

ダブルで赤字を増やしている民主党政権

ところが、今の日本を見ていると、「財政赤字云々《うんぬん》」と言っておりますけれども、例えば、「政府の財政政策、経済政策等がよくないために、景気が悪くなって、税収が減り、赤字が増えている」という状態のなかで、同時に、政府が、利益を生まない部門に、さらに税金をたくさん投入したらどうなるかということです。これは、「ダブルで赤字が増える」という相乗効果が生じるわけですね。

「根本的に、国民の収入が増え、企業の収入が増える路線をつくる」というような、そういうポリシー（政策）を立てるのは政府の仕事なのですけれども、そちらのほうがないとどうなるかというと、企業は、不況《ふきょう》になれば、当然クビ切りをして人員整理をするし、給料カットを始めます。

そして、その部分を、今度は政府が補塡《ほてん》する、要するに、失業者にお金を出すとか、パートタイムのような人を援助《えんじょ》するために資金を出すとかいうことをすると、「自分たちがつくり出した原因によって起きた、そのマイナスの部分を、また自分たちが後始末《あとしまつ》する」ということになって、マイナスがダブルになっていきますよね。

全体的な方向性を見るかぎり、今の民主党政権のあり方は、それに極《きわ》めて近いものがあるということです。

国を富ませることなくバラマキをするのは危険

根本的な繁栄策《はんえいさく》を持たないままに、何と言いますか、単純に、「非営利部門が拡大すれば政府が出動する場面が増える」ということを喜んでいるのですが、しかし、その財源なるものがないということで、今、押《お》っ取り刀で、それをどうしようかと考え始めているということですよね。

今の民主党政権の問題点

財政政策・経済政策がよくない

↓

景気が悪くなる → **税収が減る**

↓

企業がリストラを始める
ex. クビ切り等の人員整理
ex. 給料カット

↓

そのマイナスを政府が補填する
（利益を生まない部分への税金投入）

ダブルで財政赤字が増えていく

自分たちがつくり出した原因によって起きた、そのマイナスの部分を、また自分たちが後始末している

国民や企業の収入が増える路線をつくるべき。
それが、政府の本来の仕事。

基本的には、税金を使う場面が多ければ多いほど、「大きな政府」になるし、権力は大きくなるんですよ。「弱者のために、いい政策をやっている」という気持ちを持っていることは分かるのですけれども、弱者のためにバラマキをやって「大きな政府」をつくると、その反面、現実には、ものすごく大きな収奪《しゅうだつ》国家と言いますか、大きな権力が生まれてしまうのです。

どこかから、お金を取らないかぎり、そういうバラマキはできませんのでね。だから、どこかから収奪して、それを再分配するところに、自分たちの生き甲斐《がい》を見いだすことになります。

「儲かりすぎているところから取って、ばら撒《ま》く」というのは、非常によいことのように見えますが、儲かっているところに対しても、さらに成長発展する政策をとってくださっているのなら、差し出すことにも意義はあるでしょう。けれども、儲からないような政策を国がとりつつ、収奪されたのでは、全部が死に絶えていく流れになりますよね。

この根本的なところを、総理として分かっていらっしゃるのかどうか、そこが大きな疑問だと思うんですね。

その左翼《さよく》的なものの考え方のなかには、確かに、昔からある宗教の一面は入っていて、弱者救済という面があるとは思うのです。

ただ、「救済される弱者が、全体の九割」などということになってきたら、実際には、成り立たなくなってくるんですよ。

だから、国全体を富ませる「国富論」のほうへ持っていかなければいけないわけですが、そのへんが、よくお分かりになっていないように思えるのです。

私は、まず、そこのところを認識しなければいけないと思いますね。「国を富ませるということが大事だ」ということを知らない人に、強大な財政権と言いますか、お金をばら撒く権限を与《あた》えることには、ある意味で、危険な面がありますよ。

公共事業、あるいは、政府などの公的活動においても、「国富を生む活動」というのは、やはり無視できないということを知らなければいけないのです。どぶにお金を捨てて歩いてはいけないですからね。

それならば、「税金を集めて、その現金をビニール袋《ぶくろ》に入れ、道路に穴を掘《ほ》って埋《う》めていき、それを掘り出したら収入になる」というような仕事をつくっても構わないわけですよ。簡単に言えばね。本当はそれでもいいわけですが、こういう仕事は、実際、何らの国富も生まないのでね。

そうした、「税金をビニール袋に詰《つ》めて埋めておき、掘り出した者の収入にする」というような考えではなく、その税金を投入することで、彼らに与えるための「新しい仕事」をつくっていかなければならないということですね。

これは、企業家の発想なのです。

「自らつくり出した弱者」を救って見せる政策は好ましくない

弱者救済のほうのマインドが強すぎると、その企業家的発想のほうを否定する傾《けい》向《こう》が出るので、トータルで収支がマイナスになると、結果的に苦しくなるのです。これは、日本だけでなく、アメリカのオバマさんも、今、同じ問題に直面していますね。

日本風の医療《いりょう》保険制度を導入して、誰《だれ》もが医療を受けられるような高福祉《こうふくし》社会をつくろうとすると、「大きな政府」になって税金をたくさん取らなければいけなくなってきます。そうすると、今度は納税者の反乱が起き、今、アメリカでも民主党の力は落ちてきています。このへんの考え方ですね。

誰かの犠牲《ぎせい》の下《もと》に、そういう強大な権力をつくるということになると、当然、一定の反作用は出てくるということです。

だから、「緊急避難《きんきゅうひなん》的に、一時的にやる」という可能性はあると思いますが、すべての人をそういう状態に置くわけにはいかないのです。

幸福の科学でもご指摘《してき》があったように思いますけれども、以前、日比谷公園の「年越《としこ》し派遣村《はけんむら》」で、炊《た》き出しのようなことをやりました。まあ、ある種のパフォーマンスかとは思われますが、そういう炊き出しのようなものをやって、「今、社会が、いかに貧しく飢《う》えているか」ということを見せようとしていましたね。

しかし、同時に、大手のコンビニでは、一日三回も、あるいはもっとかな？　よく知りませんが、一日に何回も弁当を仕入れて、「何時間以上たったものは捨てる」ということで、何万食も捨てています。実にもったいないことをやっていますよね。

政府が税金を使って、ご飯を食べられない人に炊き出しをしながら、一方では、つくった弁当を、まだ賞味期限が切れていないのに捨てているということをやっているわけなので、このへんのところについて、全体の循環《じゅんかん》をよくしていかないと、間違いを犯《おか》すかもしれませんね。

今、飽食《ほうしょく》の時代で、食べ物がたくさん捨てられているにもかかわらず、他方では税金を使って、炊き出しをやろうとしている。

そうすると、財政赤字は必然的に起きてきますよね。これは、やはり、政治家がもっと町に出なければいけないということを意味しているんですよ。自分の選挙事務所にだけ行っていたら駄目《だめ》なのです。現実に町に出て、見て歩かなければいけないんですね。

まあ、そういうことがありますので、自らつくり出した弱者や、自らつくり出した貧困層を、救って見せているような政策というのは、私は、あまり好ましいことではないと思います。

民主党政権は、公共投資の意味を理解していない

どうしても避《さ》けられないものはあるけれども、最近の総理の対応を見ていると、この前のリーマン・ショックでも、「百年に一回の金融《きんゆう》災害」というような言い方をしていたのに、いつの間にか、どこかへ行ってしまったようなところがあるし、菅《かん》さんも、G7（先進七カ国財務相・中央銀行総裁会議）に行って日本に帰ってきたら、「日本もギリシャのようになるぞ」と言って大騒《おおさわ》ぎし、狼《おおかみ》少年のようなこと

をやったりしていましたね。

やはり、何と言いましょうか、これまでそういう立場に置かれていなかったために、あまりにも過敏《かびん》な反応をしすぎていて、統治者として、見識ある重厚な態度が取れないでいるのではないかという感じがします。

もし、政治家の政策が悪くて、国民の税金をただただ増やしていくという方向であるなら、それは間違いであると言わざるをえないでしょう。

特に、税金の使い方が、本当に消費していくというか、「消えていく税金」のほうにばかり、やたらに関心がある人、要するに、非営利性の部分をもっともっと大きくしていくことに関心がある人というのは、やはり、国富を減らしていく傾向があるだろうと思うのです。

例えば、道路をつくる場合、高速道路等は、昔はもっと収入があったかもしれませんが、道路をつくること自体は非営利性の事業でしょう。ただ、非営利性の事業であっても、道路が整備されることによって、民間の活動が活発になり、国富が増

公共投資は悪なのか

道路

空港

橋

など

インフラが整備されることで、民間の活動が活発になり、国富が増えていくなら、それは、よい活動である。

民主党政権は、
公共事業の意味を知るべき。

えていきますからね。そのように、国富を増やすための非営利的事業なら、それはよい活動ですよね。

民主党政権のいちばんの問題は、公共投資の意味を理解していないことです。鳩《はと》山《やま》前首相も、菅首相も、共に理解していないところが非常に大きいのではないでしょうか。「公共投資は悪だ」と思っているようなところがありますし、「大企業も悪だ」と思っているようなところがありますよね。

大企業が悪だとするなら、中小企業ばかりになりますけれども、そうすると、政府の出番が多くなるわけです。要するに、政府が出ていって助けなければいけないことが増えてくるのです。

一方、大企業は、自分たちで〝村〟をつくり、自治をしています。自分たちで会社のなかを治めていますので、そのほうが国は楽になるのです。

したがって、強い企業、体質のよい企業を数多くつくることは、政府の仕事が減り、負担が軽くなるということなのです。

例えば、企業体力が増せば、その企業に奉職《ほうしょく》している人の老後の面倒《めんどう》も、もう少し見られる可能性は高まってきますが、企業体力が落ちれば、そちらのほうは、だんだん手を抜《ぬ》き始めますよね。当たり前のことです。現に働いている人に対して、十分に報酬《ほうしゅう》を払《はら》えない状態で、働いていない人にまでお金を出せるわけがありません。

このへんを考え違いしているのではないかと思います。もし、「貧しくなることが正しい」と思っているならば、基本的に、つける薬はないのではないかと思いますね。

日本の国民一人当たりの生産性が落ちていることのほうが問題

全体では、「去年、日本のＧＤＰ（国内総生産）が世界第二位から、中国に抜かれて三位になったのではないか」というようなことが言われているわけですけれども、中国の統計が正しいかどうかは、眉唾《まゆつば》と言うか、ちょっと疑問があります。数字はいくらでもつくれるので、本当に公認の数字なのかは疑問の余地があり、中国が本当に二位になったかどうか、今の段階では、はっきりと認定はできないと私は思っています。

もしそうだとしても、日本の一人当たりの国民所得が、かつては世界のトップクラスである時代があったのに、今、日本の一人当たりの国民所得は世界の二十位前後にまで落ちています。

これに関しては、ここ二十年ほどの間に、政治家や、役所の官僚《かんりょう》たちの基本的な政策に、大きな問題があったのではないかなと思われます。むしろ、こちらのほうが気になりますね。国民一人当たりの生産性が落ちているということです。

ＧＤＰが、もし、人口だけの問題であるならば、人口が十倍もあるところと、いつまでもＧＤＰで競争はできないかもしれません。向こうも発展していたらね。

ただ、それでも、日本のほうの一人当たりの生産性が高いということは、一人当

一人当たりの国民所得が落ちているのが問題

(参考) 一人当たりの国内総生産(名目GDP)の順位の推移

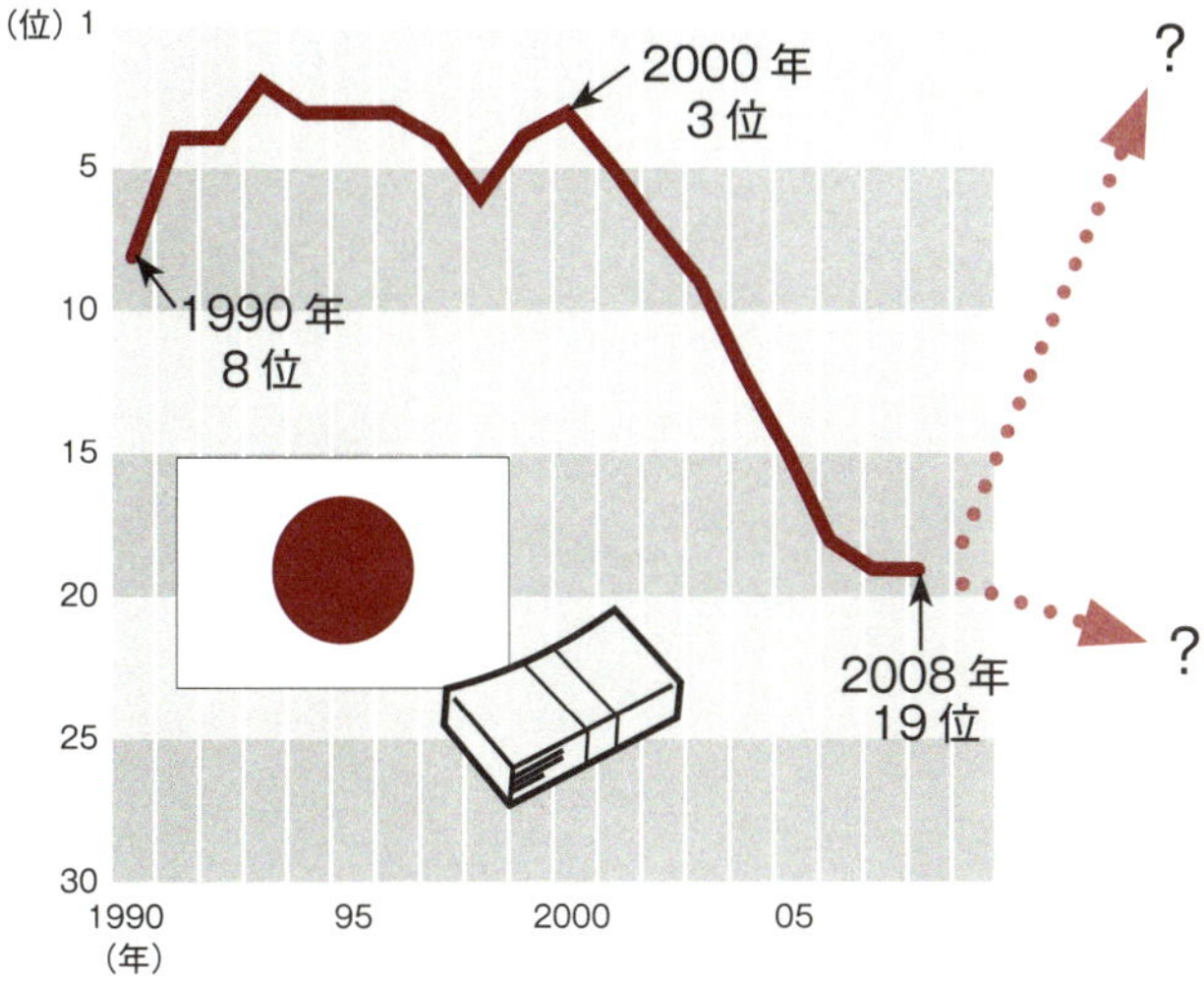

ここ 20 年ほどの間、
政策の誤りがかなり起きている。

国民一人当たりの生産性の向上を目標に！
そうすれば、国全体のGDPも増加していく。

たりの収入が多いということであり、やはり、よい面はありますけれども、これが、どんどん下がっているということのほうが、むしろ私は心配ですね。

世界のトップクラスだったのから、二十位前後にまで落ちているので、これはやはり、人為《じんい》的な原因によるものだと思われます。

つまり、一九九〇年以降、政策の誤りがかなり起きているように思われるので、根本を辿《たど》れば、それは政治の責任であるし、その責任を問われたがゆえに政局が混迷し、政局が混迷するがゆえに、さらに悪くなるという悪循環が続いていて、日本人全体が自信を失っているということですね。

そのため、今、もう一段、大きなイノベーションが必要なときが来ていると思います。

いやあ、ちょっと大きな話になってしまったかもしれないけれども、さらに何か訊《き》きたければ……。

伊藤　そうですね。最初に、けっこう大きなお話を聴《き》かせていただいたので、あとで、細かく砕《くだ》いていきたいと考えています。

ドラッカー　ああ、すみませんね。女子高生は読んでくれないかもしれないなあ。

伊藤　（笑）

ドラッカー　それでは駄目だな。二百万部は売れないかもしれない（会場笑）。頑《がん》張《ば》らないといけませんね。

2 政治は、なぜ必要なのか

伊藤 高校生と大学生がターゲットということなのですが、今、その若い世代は、政治に対してあまり関心がなくなってきています。「政治は、そもそも必要なのか」とか、「政治家は、忙《いそが》しく動いているように見えるけれども、本当は、全然、仕事をしていないのではないか」とか、そのように思っているところがあるようです。

そこで、政治の大切さや、政治家の役割の大切さという点について、お伺《うかが》いしたいと思います。

ドラッカー うん、うん。

伊藤　また、「企業《きぎょう》の力が強くなれば、国の仕事が減ってくる」とも教えていただきましたが、「政府というものは、どういう面で必要なのか」ということを教えていただければと思います。

政治のトップ一人の考え方が、国全体に大きく影響《えいきょう》する

ドラッカー　いやあ、やはり政治は必要だし、甘《あま》く見てはいけないものだし、政治の動向を見ないで企業が存続できるとは思いませんね。

例えば、中国は経済的に発展しましたけれども、それは、鄧小平《とうしょうへい》さんの「鶴《つる》の一声《ひとこえ》」によるものでした。「豊かになれる者から豊かになれ」「金儲《もう》けをする才能がある者は、とにかく、どんどん儲けろ」という、トップの一言で路線が大きく変わったわけです。

それまでは、みんな人民服を着ていたのに、背広とネクタイにどんどん変わって

いき、高級外車を乗り回したり、今、日本の土地やマンションなどの不動産をいろいろ買いあさったり、「銀座は中国人の山だ」と言われたりするような時代になってきていますね。

そのように、政治のトップの考え方は、国全体に大きく影響《えいきょう》しますよ。

アメリカもオバマさんが登場しましたが、彼は、弁護士として恵《めぐ》まれない方々のために仕事をしていた人なので、その発想が抜《ぬ》け切れないところがあるようです。そのため、全米の統治者として見ると、やはり、欠けているものが少しあって、勉強しなければいけないところがあると思うんですね。

「弱いアメリカをつくる」ということが彼の目的ではなかったはずです。「アメリカの弱い部分を底上げする」ということが彼の仕事だったかもしれないけれども、それを、全体のレベルを下げる方向に持っていってはならないのです。

やはり、トップ一人の考え方ですね。「国はトップ一人で滅《ほろ》びる」と言いますが、私は、基本的にそのとおりだと思います。

例えば、ヒトラーのような人が出てきたら、下にいる者には、もう止めようがないですよね。もう止まらないです。

特に、軍隊を自分の掌中《しょうちゅう》に置いている政治家がトップになっている国は、いまだにたくさんありますが、そういう国では、軍隊を動かされたら、もはや、言論や思想の自由はないのと同じです。また、軍隊に支配されたら、経済的自由もないのとほとんど同じですね。軍部に経済が分かるわけがありませんので、完全に統制経済に入っていきます。

したがって、政治の動向というのは極《きわ》めて大事です。まず、自分たちを不幸にする政体をつくらない努力が、非常に大事なことだと思いますね。

政治的カリスマの登場を、あまり望んではいけない

不況《ふきょう》の時代には、そうしたヒトラーや、毛沢東《もうたくとう》、レーニン、スターリンなどの

ような、大きな政治的カリスマの登場を期待する気持ちが非常に出てきやすいのです。「その剛腕《ごうわん》で、うまくやってくれるのではないか」という気持ちが出やすいのですが、私は、あまり期待しないほうがよいと思うんですよ。

もちろん、たまに成功する人が出ることもあるとは思いますけれどもね。なかには、万里《ばんり》の長城《ちょうじょう》をつくるような人も出てくるかもしれませんし、そういう例は、二千年たっても、三千年たっても、忘れられないものであろうとは思います。

しかし、そのようなカリスマが出てくる時代というのは、気をつけないと、同時に大きな不幸が出てくる時代でもあるのです。

ですから、私は、どちらかというと、平均人《へいきんじん》が、努力してマネジメントの技術を身につけ、平均以上の仕事、普通《ふつう》以上の仕事、できればエクセレントな仕事ができるような体制をつくっていったほうがよいと思いますし、政治家についても、優《ゆう》秀《しゅう》な政治家を望みたいところですけれども、「ヒトラー的な人が出てきて引っ張っていってくれる」というようなことを、あまり望まないほうがよいと思うんですね。

日本だと、小沢一郎《おざわいちろう》さんなどが、剛腕政治家として、嫌《きら》われつつも期待されているようなところがずいぶんありましたけれども、「一人の剛腕政治家が国を救ってくれる」という考え方は、結果的には、国を救うよりも破滅《はめつ》させることが多いんですよ。具体的な権力と直結した場合には、そのようになることが多いのです。

もちろん、私は、文化的なレベルや、さまざまなジャンルで、カリスマがいることと自体は、特に否定しません。例えば、マイケル・ジャクソンが、音楽界のスーパースターでカリスマだったとしても、それで、国民がみな刑務所《けいむしょ》に入れられたり、税金をものすごく取られたりするようなことがあるわけではないですからね。

そうした、権力とは直結しない世界、要するに、人気の世界などでカリスマが出ることとは、それほど否定するつもりは私にはないのですけれども、ただ、国民の権利を具体的に制限することができる立場に立つカリスマが出て、その人に全権を委ねるような風潮が出ることは、あまり望ましいことではないと思いますね。

当たり前のことを当たり前にやる「小さな政府」をつくるべき

私は、企業の活動というものを非常に重視しましたけれども、これは、ナチスの台頭《たいとう》を防ぐという意味があったのです。要するに、私は、国家の一元管理というのは非常に怖《こわ》いということを実体験したので、大企業が一つの受け皿になって、「政府のなかの小さな政府」として、いろいろな社会的機能を果たすことを期待したわけです。

大企業の指導者が「高貴なる義務」を感じていれば、政府の役割の一部をいろいろな企業が果たしてくれるようになるわけですからね。そのように、政府が要《い》らないような豊かな社会をつくってしまえば、政府の機能が縮小し、「小さな政府」になっていくのです。

政府の機能がものすごく大きいときというのは、国民が非常に不幸な事態に陥《おちい》っているとき、つまり、戦争など、大きな危機に突入《とつにゅう》している時代のときしか考えられないんですよ。

そういうときに、ヒトラーのような、ある種の「天才」と言っては言いすぎかもしれませんが、「異才」が現れて、短期間で国力を回復したり、外国を侵略《しんりゃく》したりするような人が出てくると、国民にとっては、非常に目の前が開けるような気持ちがするわけです。

しかし、もう少し、当たり前のことを当たり前にやる人、要するに、「こうすれば、企業は立ち直り、こうすれば、税収は増えてくる」という当たり前のことをやってのけられる人を育てていくことが大事だと思うのです。

具体的に言えば、今の政府は、将来、税収を生まないところに、一生懸命《いっしょうけんめい》に税金を撒《ま》こうとしているので、その点については、将来的に国民をもっと苦しめる可能性が高いと見なければいけません。増税をかけないまでも、赤字を出しながら税金を投入するというのなら、それによって、どのような成長性ないし成果が期待できるのかということを見極める必要があります。そういう、ごく当たり前の仕事をやらなければいけないと思うんですね。

「そこに税金を投入することによって、どのような成果が得られるのか」ということですが、その成果というのは、何と言うか、あまり主観的なものであってはならないと思いますね。やはり目に見える成果でなければいけないと思うのです。

為政者《いせいしゃ》が「国をよくするノウハウ」を知らないことが問題

私は、すでにあるノウハウでもって、もう一段、日本の国全体をよくすることは可能だと思います。

マスコミが政治を動かしているところも多いのですけれども、マスコミ人には、経営的な才能のない人が多いので、このあたりは見えていない面もあるのかなという感じがします。経営の才能のない人が多いですね。

したがって、もう一回、原点に戻《もど》らなければいけないと思います。

そして、国のGDPそのものを、中国と競争してさらにもっと上げると言うけれども、そのような国同士の競争ばかりに走ると、軍事的な緊張《きんちょう》も高まってくる可能性があるので、やはり、国民一人当たりのGDPが下がっていっているところを問題にし、これが上がるように努力していくことです。そうすれば、結果的に、全体的なGDPも上がってきますので、こちらのほうに着目したほうがよいと思いますね。

まあ、すでにあるノウハウなんですが、為政者《いせいしゃ》がそれを知らないことが多いのです。そういう人が為政者として選ばれているということなので、「もう一段、啓蒙《けいもう》のレベルが必要かな」という感じがいたしますね。

結局、「政治が必要かどうか」ということですが、政治は必要です。必要だけれども、そうした一定の技能が要求されるものであるにもかかわらず、残念ながら、そのレベルに達していないということが問題です。

例えば、歯医者さんだって、歯の治療《ちりょう》の仕方を知らないでやったら、やはり問題でしょう？　そういう人に治療を任せると、ペンチで歯を抜くことばかりやり始めたりしますが、そういうことをされたのでは困ります。やはり、きちんと治療をしてもらわないといけないので、一定のレベルというものがあるわけですね。

したがって、首相などが、日本よりも発展レベルが落ちている国をモデルにして、あまりにもそちらへ向かっていくようであれば、国は下《くだ》っていきますので、その考え方には気をつけたほうがよいと思います。

政権選択《せんたく》の結果、国民が貧しくなっているのなら、政権について、もう一回、お考え直しになるのがいちばんだと思います。政治はそれほど甘いものではなく、「国民の生命、安全、財産」にもかかわってくる問題だと思いますよ。

だから、そんなにしらけていてはいけないと考えますけどね。

伊藤　ありがとうございます。

大きな政府と小さな政府

大きな政府
国家が一元管理する（例：ナチス）。

儲かりすぎているところから取って、ばら撒く。
しかし、弱者のためにバラマキをやると、「収奪国家」ができ、
政府に大きな権力が生まれてしまう。

小さな政府
国全体を富ませる政策をとる（国富論）。

政府の機能が縮小し、豊かな社会が実現する。

政治は必要だが、
「小さな政府」をつくるべき。

3　日本のよさを再発見しよう

伊藤　今、お話を頂いたように、一九九〇年代の日本の経済政策は本当に駄目《だめ》で、今まで二位だった経済規模が、中国に抜《ぬ》かれて三位になったと言われているような状況《じょうきょう》です。

ドラッカー　うーん。

伊藤　そうした日本に住んでいる若者たちに対して、「日本には、これだけすごいところがある」という、日本が誇《ほこ》るべき点について、日本を愛されたドラッカー先生から教えていただければと思います。

「国を愛する心」が不足している日本

ドラッカー　うーん、やはり、不足しているものをよく見たほうがいいですね。何が不足しているかというと、「国を愛する心」だと思います。

日本では、国を悪く言う心、罪悪史観《ざいあくしかん》、贖罪史観《しょくざいしかん》が強いようです。もちろん、歴史上、戦争などはたくさん起きてきたし、それで害を与《あた》えたこともあるとは思いますけれども、いろいろな国があるなかで、「自分の国は悪い国だ」と言い続けている国は、あまりないと思うのです。これだけ成功した国家に対して、もう一段、客観的に自己評価する必要があると思いますね。

それは、政治権力的なものでなく、文化的なものでも構わないので、「この国のよさを、もう一回、見直そう」という運動を起こす必要があると思うんですよ。そして、「強みでもって国を発展させていこう」という考え方が大事だと思いますね。

特に、今の政界の中枢部《ちゅうすう》にいる方々の考えが、少し古くなっているのではないかということが、私は、とても心配です。

それは、年齢《ねんれい》だけで言っているわけではありません。六十代であっても、勉強を続けている人であれば、きちんとした認識を持っていると思うのです。

しかし、戦後の荒廃期《こうはいき》の記憶《きおく》、つまり、昭和二十年代、三十年代ぐらいの貧しかったころの記憶が、既視感《きしかん》のようになり、そのような世界へのノスタルジーを感じて、そちらへ回帰していこうとしているように見えてしかたがないのです。それで、その後の日本が発展していった部分を否定しているように見えるのです。

ですから、やはり、「日本のよさを、もう一度、見つめ直そう」という運動自体は、文化運動としてあってもよいのではないでしょうか。

そういう目で見れば、素晴《すば》らしいところはたくさんあるし、アジア諸国や、アフリカ諸国、あるいは南米諸国など、他の国々に訊《き》いてみれば、「日本のよさ」なんて、いくらでも出てきますよ。彼らは、みな、日本のどこがいいかを、ちゃんと知っています。中国人だって、「日本のよさ」は知っていますよ。実際は知っているのです。

だから、それを素直に受け入れ、認める心を持つことが大事ですね。そのへんから始めなければいけません。

マスコミは、「巨大《きょだい》な権力と戦う」ということを使命としていたのかもしれないけれども、もはや、そういう巨大な権力はなくなって、クラゲが漂《ただよ》っているような状態になっているのです。

そうであるならば、マスコミの使命も、「チェンジ」していかなければなりません。「どうしたら、この国をよりよくしていけるか」という、積極的な提言のほうに持っていかなければならないのです。叩《たた》くべき相手、叩き落とさねばならない巨大権力者などは、もう日本にはいなくなりつつあるんですよ。

みんなが平凡人《へいぼんじん》に向かっていこうとしているので、もう一度、「日本のよさ」を見いだして、その部分を引き上げていかなければなりません。

公教育を改造せずして明日《あす》はない

その反映として、教育の中身というか、内容をよくし、教育のレベルを上げていって、「未来に向けた教育」をつくっていくことが大事ですね。

今、教育投資をしようとしているのでしょうけれども、お金を使うだけなら誰《だれ》でもできるんですよ。やはり、そこに成果を求めなければいけないと思います。

「教育にお金を投入する」と言っているのでしょう？　ならば、その成果を求めなければいけません。

政府は、「どのくらいまでの成果を求めるのか」ということを言わずに、単に、「四十人学級を三十五人学級にする」とか、「教員が何万人増える」とか言っています。「雇用《こよう》を増やす」という考えはあるのかもしれないけれども、教員の雇用を増やすことが成果ではないと思うんですよ。それを「成果だ」と思っているところが間違《まちが》っているんですね。

「四十人学級を三十五人学級にすれば、教員を二万人ぐらい雇《やと》える」とか、そんなことは成果ではないのです。失業対策として考えているのかもしれないけれども、成果とはそういうものではありません。

やはり、教育の成果としては、「将来、企業《きぎょう》やさまざまな分野に出ていって、よりよい仕事をするような人を、どれだけ育て上げるか」ということが大事ですね。

あるいは、教育の付加価値として、もう一つ言えば、「国際社会に出ていける人材を、どれだけつくり上げられるか」ということですね。単なる鎖国《さこく》の時代に戻《もど》るのでなければ、「国際社会で活躍《かつやく》できる人材を、どれだけつくれるか」ということが大事です。

アジア諸国を見ると、日本以上に、国際社会のほうに目が向かっているように思いますよ。中国にしても、韓国《かんこく》にしても、あるいは、そのほかの国にしてもそうです。例えば、英語力一つをとっても、「日本より、自分たちのほうが上だ」ということに自信を持っています。そのように、国際社会で活躍できる人材を国のレベルでつくっていくというのも、一つの成果ですよね。

「教員を何人雇えるか」というようなことではなく、「どれだけの人材をつくり出し、送り出していけるか。そして、未来の産業の担い手にできるか」ということが大事です。

昔、工業時代が到来《とうらい》したときには、「読み、書き、そろばん」ができ、正確な作業ができる優秀《ゆうしゅう》な人たちを大量に供給できたので、それが工業の発展につながったのだと思いますが、次のレベルに行くには、もう一段、付加価値のある教育が必要だろうと思いますね。

今、公教育の部分が、かなりの無駄を生んでいます。はっきり言えば、不採算部門です。これを改造せずして明日《あす》はないと、私は思いますね。

日本には、まだまだ底力がある

医療《いりょう》の問題についても、そうです。医療のほうにお金を投入すること自体は悪いことではないかもしれませんが、それによって高齢化した社会が出来上がった場合に、それをどのようにするのかということと、セットで考えなければいけないと思うのです。

寿命《じゅみょう》は延ばせているかもしれませんけれども、その結果、「無縁《むえん》社会ができた」ということで、今、いろいろと言われています。まあ、長生きをすれば、当然、そうなるでしょう。他人《ひと》との縁を持たない人が増えてくるだろうとは思います。

医療の問題は、この「高齢社会をどうするのか」ということとセットで考えなければいけないと思いますね。それをしないで、ただ医療のほうだけを充実《じゅうじつ》させていったら、年を取った方が増えてきますが、それは、やがて、重税感を生むことになり、「年寄りを軽んじる社会」が必ずできてくるようになります。

したがって、年寄りにできる仕事を考えなければいけないし、あるいは、仕事でなくてもいいかもしれませんが、文化の担い手としての役割が何かないかということを考えなければいけないと思いますね。

そういうことで、私は、「日本のよさ」を再発見し、それを伝えていくことが大事ではないかと思います。そして、自信を取り戻すことが大事です。まだまだ底力はあると思いますよ。

一九九〇年以降、実は政策ミスによって、一時的に、日本の経済は二十年ほど停《てい》滞《たい》しているのですが、私は、日本はまた立ち直ってくると信じています。必ずそうなります。それだけの力はあると思いますね。

伊藤　ありがとうございました。
それでは、ほかの質問者が控《ひか》えておりますので、交替《こうたい》させていただきます。

ドラッカー　ああ、そうですか。はい、はい。

Chapter 2

未来社会の創出へのヒント

1 高齢《こうれい》社会にどう取り組むか

城取　ドラッカー先生、本日は、ご降臨まことにありがとうございます。

私は、ＨＳ政経塾の城取と申します。

ドラッカー　うん。

城取　私は、学生時代に、ドラッカー先生の著作を勉強させていただいておりましたが、まだまだ勉強不足であると感じています。ＨＳ政経塾でも、経済思想の課題として、ドラッカー先生の課題に取り組ませていただく予定ですので……。

ドラッカー　ああ、そう。

城取　もっと勉強してまいりたいと思います。

ドラッカー　はい。

城取　よろしくお願いします。

私からは、もう少し具体的な政策について、若者の視点を踏《ふ》まえて、お伺《うかが》いしたいと思います。

先ほど、伊藤のほうから出た質問とも重なる点があるかもしれませんが、今の日本の一般《いっぱん》的な若者は、「自分たちは年金を受給できないのではないか」と、先行きに暗いものを感じていて、妙《みょう》に堅実《けんじつ》な若者が増えたりしている現状があります。

そこで、もし、今、ドラッカー先生が日本の総理大臣になられたら、この「年金問題」にどのように取り組んでいかれるのか、お聴《き》かせいただければと思います。

「平均寿命《じゅみょう》の五年前まで働ける社会」の構築が、年金問題解決の鍵《かぎ》

ドラッカー　うーん。まあ、年を取ったら働かなくても食べていける社会をつくることは、一つの理想であろうし、ユートピア形態にも見えるのだけれども、その間、どんどん寿命《じゅみょう》が延びてきていて、計算上、合わなくなってきているんですよ。

年金問題といっても、昔は、会社を退社して五年ぐらいで、だいたい亡くなることになっていたので、そのくらいでしたら、それほど難しい問題ではなかったのです。

ところが、六十歳《さい》で定年になっても、平均寿命が、男性は八十歳、女性だと八十六歳ぐらいあり、それがやがて、それぞれ八十五歳、九十歳へと上がっていこうとしています。そうすると、六十歳で定年になったあと、二十年、三十年と年金で養

い続けるというのは、一般的には無理です。そういう世界に入っていこうとしていますね。

これはユートピアのように見えて、若い人にとっては過酷《かこく》な時代に入っていこうとしているように思います。

だから、逆に言うとね、「自然死する年齢《ねんれい》マイナス五歳」ぐらいまでは働ける社会をつくらないと駄目《だめ》なんですよ。その程度なら、社会として面倒《めんどう》を見ることができるんですけれども、二十年も三十年も、働いていない人の面倒を社会全体で見るというのは、やはり無理なところがありますね。

そういう「弱者に優《やさ》しい社会」というのは、基本的には、もっと人口の小さな村社会のようなものを前提にした発想なのです。ですから、「消費税などを高く取って、それを年金や医療《いりょう》など、いろいろなものに充《あ》てる」という発想自体が、もっともっと小さな国に向いている考え方であって、大きな国には、あまり向いていないのです。

私は、今のままでは、日本の年金は、もう自然崩壊《ほうかい》するしかないと思いますね。年金制度を立て直すためには、「亡くなる五年前ぐらいまで働ける社会を、どうやって構築するか」ということを考える必要があります。自分に収入があれば、年金の問題はそれほど大した問題ではありませんからね。収入がなければ大きな問題になりますけれども、収入があるなら大した問題ではないのです。

したがって、だいたい、平均寿命の五年前ぐらいまで、何らかのかたちで、生きていけるだけの収入をつくり出せるようにし、年金は、その足りない部分を補填《ほてん》する程度のものに、できるだけ縮小していくことです。そうしないと、年金問題は解決しません。

負担が重くなればなるほど、若者たちのほうが、それを背負うのを嫌《いや》がっていきますので、いずれ破綻《はたん》することは、もう、みんな知っているのだと思います。そして、ここに税金をつぎ込《こ》んでいくと、財政赤字がさらに膨《ふく》らんでいくという「悪《あく》循環《じゅんかん》」が繰《く》り返されていくことになるわけですね。

「年寄りに優《やさ》しい機械社会」にシフトせよ

今は、これだけ機械が発達した世界なのでしょう？　そうであるなら、若者しか使えないような機械ばかりつくることには、やはり問題があります。年寄りが、体力が落ちたり、視力が落ちたり、聴力《ちょうりょく》が落ちたりして、若者のように普通《ふつう》に働くことができなくなっても、それでも働けるような、援助《えんじょ》というか、補助ができるような機械をつくり、長く働けるような社会にシフトしていく。そのように、マインドシフトしていくことが、私は大事だと思うんですね。

若い人中心の機械社会をつくると、年寄りのほうは、働く社会から自動的に追い出されていくので、やはり厳しいと思います。

年を取ると、いちばん先に、視力が衰《おとろ》えてきます。それから、聴力、歩く力等が衰えてきて、そのあたりから企業《きぎょう》では働けなくなってくるわけです。けれども、それを補助する機械等を利用することで、そんなに体力がなくても働けるようにしていくことが大事ですし、あるいは、在宅でもできる仕事をつくっていくことに、もっと力を入れなければいけないと思いますね。

つまり、「会社に出勤して働く」というかたちでなく、在宅でも働けるようなスタイルですね。そういう「年寄りに優《やさ》しい機械社会」に変えていかなければなりません。若者にしか使えない機械ばかりをつくっていては駄目なのです。それでは、年寄りに非常に厳しい社会になると思いますね。

ですから、未来産業として、もう一段の努力の余地があります。今は、いろいろな機械を発明しても、若い人たちは面白《おもしろ》がっていますけれども、年寄りのほうは、みんなついていけなくなってきています。断絶がはっきりとありますよ。この断絶を埋《う》めなければいけない。

断絶を埋められないならば、違《ちが》ったかたちに変換《へんかん》しても構わないので、上の世代の人たちが、長く現役《げんえき》を続けられるスタイルをつくらなければいけません。

例えば、私自身は九十五歳まで現役でした。まあ、最後のほうは、さすがに少し衰えましたけれども、八十代の後半でしたら、日本まで単身でやってくるぐらいの力は、まだまだございました。知識社会というのは、けっこう年寄りが働ける社会なんですよ。うまくやればね。

ただ、小さな活字が読めないとか、機械類を扱《あつか》えないとか、そういうことが障害になってくることが多いので、この部分を根本的に解決していけばよいと思うのです。

トフラーなどは、その著書『第三の波』で、「自宅で仕事をする人が増えるだろう」というようなことをだいぶ言っておりましたが、現実には、まだ、自宅で全部仕事ができるようにはなっておらず、むしろ、フリーターのような若者が増えていて、正式な職業に就《つ》かずに、コンピュータを使って自宅でいろいろなことをやっているような状態ですね。

そういう意味で、年寄りが働くのに都合のよい社会を組み立てていく必要があると思います。

さまざまな生活空間を集約した高層ビルの建築を

もう一つは、住環境の問題もあると思います。「どのような住環境を設計するか」ということですね。

今は、「会社は会社」というように独立した建物でやっているけれども、会社と、保育園や幼稚園《ようちえん》、小学校、老人ホームなどが、コングロマリット（複合体）的に共存するような建築物をつくっていけば、お互《たが》いに補完し合うような関係をつくることができる可能性があるのです。そういうことも少し考えなければいけないと思いますね。

だから、年寄りだけを風光明媚《ふうこうめいび》な土地に移して、老人ホームへ入れてしまえばよいかと言えば、そんなことはないのです。山のなかや湖のそばに住んでいると、あっという間にボケが進んでいって、現実には役に立たない、ただ年金で生活するだけのような人になっていきますので、やはり、社会といろいろな接点があるような生き方を考え直さなければいけないと思いますね。

特に、日本の街を見て、他の国に比べて決定的に遅《おく》れていると思われるのは、高層ビルが少なすぎるということです。北京《ペキン》や上海《シャンハイ》、シンガポールなど、アジアの他の国の都市に比べても、高層ビルが圧倒的に少ないですね。

地権者がうるさかったり、高さ制限があったり、あるいは、今、第二東京タワーができつつあるようですが、そういう電波の問題があったり、地震《じしん》が怖《こわ》かったり、いろいろな問題があって高層ビルがなかなか建たなかったのだろうとは思います。けれども、もう少しガッシリとした高層ビルをつくって、そのなかに一つの「村」をつくってしまうことが大事です。そういうガッシリした高層ビルのなかに、会社だけが入るのではなく、いろいろな生活空間を一緒《いっしょ》につくってしまうわけです。

幼稚園も、学校も、老人ホームも、病院も、さらに、会社も入っているような、そういう大きくてガッシリとした高層ビルを建設し、そのなかに「村」を一つつくってしまえば、非常に近接した空間のなかで、ボケずに老後の生活を設計できる可能性が出てくるんですね。

このへんの考え方が、少し足りていないような気がします。

もし私が総理大臣だったら、やはり、公共投資は、いちおうやります。けれども、「個々の企業が、会社のビルをお金が貯《た》まったら建てる」とか、「銀行から融資《ゆうし》を受けられたら建てる」とか、そのようなことであっては社会的使命を果たすことができませんので、私が総理でしたら、そうした商店街まで入っているような、耐震性《たいしんせい》の高い高層ビルをきちっとつくって、ビルを丸ごと「村」に変えていくようにしますね。

老人ホームをあまり田舎《いなか》のほうに〝疎開《そかい》〟させてしまうと、「単に年金をもらって生きているだけ」というかたちになりますので、やはり触《ふ》れ合いが大事です。八十歳を過ぎた人が、携帯《けいたい》電話で孫とメールをやり取りするなんて無理な話なんです

年金問題解決への提言

提言①「自然死する年齢マイナス５歳」ぐらいまで働けるような社会を構築しよう。

例：年寄りに優しい機械社会に変えていく。
例：在宅でもできる仕事をつくっていく。

➡年金は、収入の足りない部分を補填する程度のものにして、できるだけ縮小していく。

提言② さまざまな生活空間を集約した、耐震性の高い「高層ビル」を建築しよう。

（高層ビルのなかに、一つの「村」をつくってしまう）

例：幼稚園、学校、老人ホーム、病院、会社、商店街、
　出会いの広場など。

➡ボケずに老後の生活を設計できる。

よ。そんなことはできないので、やはり、同じ建物のなかに住んでいて、出会いの広場で、若い人や子供たちとも遊べるようなものをつくっていかなければならないのです。その意味で、大都市をさらに発展させることが大事だと思いますよ。

関東平野はすごく広いけれども、低い建物が多すぎます。個々人の裁量に任せてバラバラな住宅経営をやっているように見えるんですよ。

そして、それを請《う》け負っているのが、地上げ屋など、ヤクザ絡《がら》みの団体ですよね。そういう団体が、公共活動を支えているような状況《じょうきょう》は、あまりよろしくないので、やはり、政府として、そういう「村」としての高層ビルをきちっと建てて、そこにいろいろな機能を入れながら、その周辺には一定の公園部分をつくるような感じでしょうかね。

今、日本の街はアジア諸国に比べて非常に遅れた感じになっているので、そのように、集約した大きいものを建てていくようにしないと、もう古びた街になっていきます。

京都のようなところが、景観を護《まも》るために古い街並みを死守していることは、ある程度しかたがないとしても、それ以外のところでは、そんなことをする必要はないはずですから、もう一段、大胆《だいたん》にやるべきだと思いますね。

そういう公共投資なら、非常に将来性が高くてよいと思います。必ずしも、会社の持ち物としてだけのビルにする必要はないと思いますね。

新たな税収源としての「空中権」

それから、もう一つ、将来の利益源と言うか、税収源になると思われるのは、「空中権」だと思うのです。これも同じような問題ですけれども、空中権が無駄に使われています。

「空中権を、どこまで値打ちのあるものとするか」ということが大事です。十階建てのビルまでしか建てられないところを、二十階、三十階、五十階まで建てられるようにすることで、経済価値は何倍にも上がっていくはずです。

当然、土地の経済価値はものすごく上がっていきますので、今まで制限されていたものに新しい付加価値を生むことができたならば、そこに税収をつくり出すことは可能なはずですね。新しい税収源がそこにあるような気がします。空中都市をつくっていく過程で、空中権という名の新しい税収源が生まれる可能性があるように、私は思います。

だから、もう少し、生活に便利な街づくりをなさったほうがよいのではないでしょうかね。

城取　ありがとうございます。

2　日本の農業の未来について

城取　今、高齢者《こうれいしゃ》と若者の断絶というようなお話がありましたが、もう一つお訊《き》きしたいのは、農業の分野についてです。

ドラッカー　ああ。

城取　農村の場合は、都会とは逆に若者がどんどん出ていってしまって、高齢者が残されているような状況《じょうきょう》です。

今、ＴＰＰ（環《かん》太平洋経済連携《れんけい》協定）の問題も騒《さわ》がれておりますが、日本の農業をもっと強くしていかなければならないと考え、私も、ＨＳ政経塾で農業の研究をいろいろとさせていただいております。

そこで、もしドラッカー先生が日本の総理大臣だったら、今の日本の農政を、どのようにしていかれるかについて、お伺《うかが》いできればと思います。

あまりにも護《まも》られすぎている日本の農業

ドラッカー　実際、専業農家の人口はごくわずかで、ほとんどは兼業《けんぎょう》なのではないかと思うのです。しかし、彼らが扱《あつか》っている農地の面積は、ものすごく大きいはずなんですね。

要するに、「相続税を安くするためだけの農家」のようなものがたくさんあって、大規模農業もできずにいるし、実際に、企業《きぎょう》が参入しても失敗しているものが数多くあります。農業に参入して成功している企業は、食文化に関係する企業の場合のみであって、一般《いっぱん》企業の場合はうまくいかないことが数多くあります。

ただ、世界の人口がまだ増えていくという前提の下《もと》に考えますと、農業も、未来性のある産業の一つではあると思うんですね。

とにかく、今まで見てきて、補助金漬《づ》けになっているところで、発展したものはありません。そのことを知らなければいけないと思いますね。これは、あなたがたの教えに親和性のある考え方であろうけれども、「自助努力のないところに発展性はない」ということだと思うのです。

農業を企業化するためには、やはり、一定の技術や経験が必要であり、そう簡単にできるものではないとは思いますけれども、あまりにも護《まも》られすぎているという点は、どうしてもあるのではないかと思われますね。

日本の農業が目指すべき「二つの方向性」

今、企業では、安売り店が流行《はや》っていると同時に、限定商品的な高付加価値のものも、一定の成果を収めていますよね。

農業にもそういうところはあります。「安いものを大量につくれる」ということになれば、食糧《しょくりょう》不足の国に輸出する産業をつくることも可能であるし、また、高付加価値の農業生産物をつくることができれば、発展している国に対して高く売ることもできるのではないかと思うのです。

例えば、トマト一つを取りましても、完熟トマトをつくる技術というのは、かなり高度なものです。完熟トマトは、非常に甘《あま》くておいしいものであり、「こういうトマトは食べたことがない」という人は、世界にたくさんいるわけですよ。つまり、世界には、酸《す》っぱいトマトしか食べたことがなく、完熟したトマトの甘い味を知らない人がたくさんいるのです。

こういう人たちに、そういうものを知らせることによって、高い農産物をつくることも可能になります。

また、日本の神戸牛なども、ニューヨークのほうに進出したりしていますけれども、霜降《しもふ》り肉のつくり方など、日本の高度な技術等は、そう簡単にまねできないところがありますからね。

こうした高付加価値のものは、高い値段で輸出することが可能になっていきますから、先進国に対しては、「高付加価値の農産物を売る体質をつくる」ということが一つの戦略です。

そして、発展途上《とじょう》国で、これから人口がものすごく増大していくところに対しては、「いかに安く、大量に、危険度の少ないものをつくれるか」ということが大事です。

それに関しては、今、建物のなかで野菜をつくったりする技術も進んできておりますけれども、そうした集約性の高い農業になれば、つまり、土地の広さに制約されず、また、年間の気象条件や季節性にかかわりなく、集中的に大量の農産物をつくることができるようになれば、今後、世界の食糧難を救う救世主役になるのは事実ですね。

現実に、今、世界で十億人ぐらいの人が飢《う》えていると言われているなかにあっては、コストダウンの努力も必要であり、安くてよいものをつくるということも大事です。

日本のほかの分野の企業では、高付加価値の部分と、コストダウンして安くしていく部分と、その両方の面で発展していますけれども、農業では、その両方において、まだ研究の余地があるわけなので、私は、まだまだ将来性があると思います。つまり、「将来のお客さんがたくさんいる」と見ていいと思うんですね。

これは努力の余地があるので、政府がやるとしたら、補助金を撒《ま》くのではなくて、そういう方向性をつくっていくことが大事だと思いますね。

それから、外国からの農業製品が入ってくることによって、日本の農家が潰《つぶ》れてしまうかどうかという問題はあると思いますが、今、言ったようなかたちで、「よりいっそうコストダウンをしながら、大量生産ができるような、集約型の農業をつくる」ということと、「高付加価値の農業をつくる」という方向に、努力をシフト

農業復活へのヒント

①安いものを大量につくり、食糧不足の国に輸出する。

例えば、建物のなかで野菜をつくる技術が進めば、世界の食糧難を救う「救世主」になる可能性がある。

②高付加価値のものをつくり、発展している国に売る。

・・・

完熟トマト、神戸牛 etc.…

「企業家精神」を導入し、
この二つの方向で努力していけば、
日本の農業はまだまだ発展していける。

していけば、太刀打《たちう》ちすることは可能です。

企業家《きぎょうか》精神を発揮しないと、日本の農業は絶滅種《ぜつめつしゅ》になる

やはり、障壁《しょうへき》を取り払《はら》っても生き延びていけるものが、本物だと思うんですね。これについては、ある程度、しかたがないところがあると思います。

例えば、昔は、「自動車産業と言えば、アメリカのもの」という思い込《こ》みがあったけれども、日本で自動車をつくるようになると、だんだんアメリカの自動車会社が潰れていきましたからね。今、残っている会社も、日本の会社との合弁《ごうべん》で生き延びているところがたくさんありますでしょう？　そういうことは、やはり、時代の変遷《へんせん》で起きてくるものです。

農業においても、外国の政府等と合弁でいろいろな事業をやらなければいけなくなるかもしれませんけれども、「労働力を外国から日本に呼び、その国と日本との

合弁会社風に農産物をつくるようにして、その農業を日本のなかで維持《いじ》する」というやり方もあると思うんですね。

あるいは、現地に委託《いたく》してやる手もあると思います。

ただ、今のままだったら、日本の農業が絶滅種《ぜつめつしゅ》になってしまうことは確実ですので、考え方を変えなければいけない部分が多いと思います。もう少し企業家《きぎょうか》精神を発揮しなければいけないと思うんですよ。

国というのは、例えば、橋を架《か》けて、その上を電車が走るようになったら、今度は、観光船などの業者全部に対して補助金を出し、すぐに、「補助金漬け」にするようなことをしてしまいます。

しかし、「職業選択《せんたく》の自由」があるのですから、やはり、職業訓練をして違《ちが》う職業にシフトしていくことも大事だと思うんですね。

単に、「一つの職業が失われたら、ただただ、お金で済ませる」という考え方は、やはり間違いであり、別のところに職業の道を開いていくことが大事だと思います。

今は、新たに農業をやりたくてもできない人たちがたくさんいます。要するに、既存《きそん》の農家が、家業として農地を持っていることによって、それが「伝家《でんか》の宝刀《ほうとう》」のようになっていることも数多くあるわけですよね。

都会のサラリーマンには、農地を持っている人はいないので、彼らが農業をやりたいと思ってもできないのです。やはり、このへんは、少し「職業選択の自由」に背《そむ》くものがあると思います。

それから、用地等の制限も、工業用地だとか、住宅用地だとか、農業用地だとか、いろいろあって開発しにくくなっているようですので、こういう役所的な仕事のなかに、もし無駄《むだ》があるならば、それも見直さなければいけないと思いますね。

やはり、コンペティション（競争）がないのは、基本的に、あまりよいことではないと思うのです。

ただ、日本から農業が全部なくなるということは、おそらくないだろうと私は思いますね。特に、「南極でも野菜ができる技術」などが出てきた段階で、日本から農業が消える可能性はなくなったと見てよいのではないかと思っています。

城取　ありがとうございます。

3　日本を今の二倍の経済大国に

城取　次に、若者の視点でお伺《うかが》いしたいと思います。

今、若者の就職率が非常に低く、「就職氷河期」であると言われており、先ほどの話とも絡《から》みますが、やはり、若い人が未来に希望を持てない状況《じょうきょう》にあります。

先ほど、ドラッカー先生からは、「若い人が基幹産業をつくっていかなければいけない」というような、大きなメッセージも頂いたわけですが、やはり、政治家が、若い人たちに対して、明るいビジョンを語り、夢を伝えることによって、もっと政治に関心を持ってもらえるようにしていかなければならないと思うのです。

そこで、日本の若い人たちに対して、ドラッカー先生が演説で訴《うった》えかけるとしたら、どういった切り口で話されるでしょうか。どうすれば、若い人の心をつかみ、未来に夢を持たせ、明るくさせられるのかということについて、お訊《き》きしたいと思います。

「努力しだいで、誰《だれ》でもミリオネアになれる社会」をつくろう

ドラッカー　うーん、若い人の夢ですから……。年を取ったら価値観は変わりますので、いろいろなこともありましょうけれども、まず、若い人に対して言うならば、「努力したら、ミリオネア（億万長者）になれる社会」というものを、やはり一つのビジョンとして提示してよいと思うんですよ。

どのような生まれの青年であっても、つまり、農家の子であろうと、漁村出身の者であろうと、田舎《いなか》の工場に勤めている人の子であろうと、市役所に勤めている人の息子や娘《むすめ》であろうと、実社会に出て大金持ちになれるチャンスのある社会をつくらなければいけないと思うんですよ。それが、やる気を引き出すのです。

実際に、どういう人にミリオネアになる才能があるかは分かりません。高級公務員の息子にその才能があるか、うどん屋やおでん屋の息子にその才能があるか、あるいは、農家の子弟《してい》にその才能があるか、鉄道の運転士の子供にその才能があるか、それは分からないのです。

ただ、「誰《だれ》にもそのチャンスはある」という社会をつくることによって、モチベーションを引き出していかなければならないと思うんですね。

「標準化社会」的な規制をやめて、高収入への道を開け

今、あなたがたの社会がそれを許容しているのは、ほとんど、スポーツ選手とか、歌手とか、そういう才能に関する領域だけでしょう?

例えば、野球選手が二十四歳《さい》ぐらいで五億円以上の収入を手にするというようなことは受け入れるんでしょう? あるいは、歌手が百万枚以上のレコード……、今

はレコードとは言わないのかな？　ＣＤか？　ＣＤをそれだけ売り上げたということで、多くの収入があっても、それは受け入れるんでしょう？

本の場合はそんなには売れないかもしれませんが、たまにベストセラー作家が出て、多くの収入があっても、受け入れるのでしょう？

けれども、一般《いっぱん》社会では、そういう高収入をあげる道があまりないということですよね。

あとは、起業家としての成功があるのみですが、これも、今は新しい企業《きぎょう》を起こして成功する率は、非常に低くなってきています。

だから、若い人に夢を与《あた》えるとしたら、やはり、ミリオネアへの道をまず開くことです。

もちろん、一定の年を取り、五十歳を過ぎると、「お金だけが目的の人生では、十分でない」ということは分かってきます。それは自動的に分かってくるのです。

「お金だけでは生きていけない。人には、もっと大事なものがある」ということは分かってくるのですが、少なくとも、若いうちは、「やったら、やっただけの成果がある」というのは、うれしいことなんですよ。

学校時代は、「勉強したら、勉強しただけ成績が上がる」というのがうれしいように、若い時代は、「一生懸命《いっしょうけんめい》に働いて創意工夫をしたら収入がどんどん増えていく」というのは、やはり面白《おもしろ》いものです。だから、それをいろいろと制限するのはやめたほうがいいですね。なるべく道を開かなければいけない。

例えば、弁護士など、そういう資格があるような職業というのは、人気はありますけれども、収入は、そんなにはありません。

司法試験に通って弁護士になるのは、非常に難しいことだと思います。以前は、数パーセントしか合格可能性のなかった難しい職業だと思うんだけれども、弁護士の収入がそんなにあるかといえば、そうではありません。よほど大きな案件を手がけた場合には高い収入があるかもしれませんが、大金持ちの弁護士というのはほとんどいませんよね。

若い人に夢を与えるには

「努力しだいで、誰でもミリオネアになれる社会」をつくろう

※一定の年齢になると、お金だけが目的の人生では、十分ではないことが分かってくる。ただ、少なくとも、若いうちは、「やったら、やっただけの成果がある」というのは、うれしいこと。

高収入への道を妨げている、
いろいろな制限をやめるべき。

弁護士の年収は、通常、よくて二、三千万円が限度で、五百万円以下の弁護士もけっこう多いんですよ。また、イソ弁（居候《いそうろう》弁護士の略。弁護士事務所に雇《やと》われている弁護士のこと）だったら、二百万円や三百万円の人がたくさんいますからね。だから、かけた労力に比して、収入はあまり高くないのです。

その理由の一つは何かというと、やはり、「日本では宣伝が十分にできない」ということがありますよね。弁護士や医師や薬剤師《やくざいし》など、そういう「先生」と言われるような人たちは、あまり宣伝ができないようになっているところがあります。

例えば、「勝訴率《しょうそりつ》九十五パーセント！　驚異《きょうい》の弁護士事務所」などと言って、テレビのコマーシャルを打ってよいのなら、ドッと人気が集まって、当然ながら報酬《ほうしゅう》が上がってくるでしょうが、なかなか、そのようにはいきません。まあ、規制がいろいろあるのではないかと思いますね。

だから、平均的なところへ落ち着いていく「標準化社会」として、これまでずっとやってきたのかもしれませんけれども、やはり、道が開けていかないと面白くないですね。

日銀の「インフレファイター」は時代錯誤《さくご》もはなはだしい

今は、起業家が株式会社をすぐにつくれるようにはなっていますが、実際上、成功するのはとても難しい。その一つには、資金の問題があります。今、会社全体が弱っている理由は、やはり、資金のところだと思うんですよ。

特に、銀行が非常に弱っていますよね。日本経済全体のツケが銀行に回ってきていて、銀行の体力が落ちているために、融資力《ゆうしりょく》が落ちているのです。

そのため、少しでも危ないところには融資しません。そうすると、やはりベンチャーのほうには、「担保もないし、できるだけ融資を避《さ》けたい」ということになりますよね。

しかし、それは、現在ただいまの損益を考えているだけなのであって、将来についての損益は考えていないわけです。

ですから、やはり銀行にそれだけの体力を付けないといけません。今のままでは、「企業を育てる」という銀行の公的使命が果たせていないと私は思うんですよ。そのためには、銀行の財務内容と言いますか、貸借《たいしゃく》対照表の内容をよくしていかなければならないと思うんですね。

今、株価が下がっているため、銀行そのものの値打ちが下がっています。要するに、「銀行を売ったときの値打ち」が下がっていますので、銀行自体の信用力が落ちているのです。

銀行は、やはり心臓として、あるいは血液の大動脈として、金融を付ける力をもっと付けないといけません。

世界の先進国のほとんどは、例えば、二〇〇〇年代を見ると、成長率は数パーセント程度あるはずですが、日本だけが〇・何パーセントとか、一・何パーセントとか、先進諸国で最も低くなっています。

おかしいでしょう？　これは全部、金融政策の誤りから来ているんですよ。財務省も絡んではいますけれども、はっきり言えば、日本銀行の誤りです。もう時代錯誤《さく》もはなはだしいのですが、日銀は、二〇〇〇年代になっても、まだ「インフレファイター」をやっているのです。

日本とアメリカだけが間違《まちが》っているんですよ。日本のバンク・オブ・ジャパン（日本銀行）とアメリカのＦｅｄ《フェッド》（連邦《れんぽう》準備制度理事会）の二つだけが、いまだにインフレファイターをやっています。ほかのところはそうではなくて、みな、その国の高度成長に貢献《こうけん》しているのですが、この二つだけが、インフレを恐《おそ》れていて、成功していないんですね。

しかし、今、アメリカの成長率はもう少し上がってきています。それは、お金を供給しているからです。

日銀総裁は、はっきり言えば、三重野《みえの》さん以降、まあ、総裁の下の人たちもいましょうから総裁だけの考えかどうかは知りませんけれども、彼らは、自分たちの仕事をインフレファイターと定義付け、政府の仕事を邪魔《じゃま》することをもって仕事にしていたのです。

要するに、「日銀の独立性」を、「政府の政策に従わなくてもよい」という意味に解釈《かいしゃく》したところに、やはり誤りがあると思いますね。日銀の独立性というのは、そういうことではないと私は思います。

競争のない世界は必ず腐敗《ふはい》する

日銀は通貨の発行権を独占《どくせん》しています。これは昔の「銀座」ですね。銀座はもともと銀貨をつくるところでしたが、日銀が通貨をつくることを専権事項《じこう》にしていて、そこを通さないとお金をつくることができないというのでは、けっこう自由競争が働かない世界になりますよね。

これに対して、あなたがたは、「市中銀行からでも紙幣《しへい》を発行できるようにしたらよい」と主張したわけです。そのへんの専門家が聴《き》いたら、「そんなばかなことができるものか」と言うけれども、現実には、そういうことは、歴史上、たくさんあったことだし、世界には、現在もやっているところはあるわけです。

競争のない世界というのは、必ず腐敗《ふはい》しますが、この金融政策のところが、意外に社会主義そのものになっているんですよ。

だから、本来、資金を供給しなければいけないときに、供給していないのです。一九九〇年代以降、何を勘違《かんちが》いしたのか、インフレの懸念《けねん》ばかりを何度も何度も繰《く》り返し言って、資金を出していなかったところがあると思いますね。

資金が十分に回っていないので、企業は設備投資をしない。設備投資をしないので、発展しないし、雇用を生まないし、新しい産業ができてこない。そういうところがあります。こうした金融政策の誤りは、財政政策と併《あわ》せて、非常に大きな問題を含《ふく》んでいると私は思います。

「借金」のことは言うが、「資産」については何も言わない財務省

それから、財務省に関しては、「財政赤字が大きい」と彼らは言っていますが、すでに一部に指摘《してき》されているとおり、「国の借金がいくらあるかということばかり言うけれども、国の財産のことについては、一切、言わない」という、完璧《かんぺき》な情報統制に入っています。「素人《しろうと》には分かるまい」ということですね。

マスコミをもってしても、国の資産がいくらあるかを調べるのは、かなり困難であって、統計を発表しないかぎり分からないのですが、借金の額だけははっきりしているわけです。「税収はいくらですが、使っているお金はこれだけあるので、不足分を赤字国債《こくさい》で埋《う》めています。こんなに借金があっていいんですか」ということばかりを延々と言っています。

インフレファイターを続けている日銀と同じで、財務省も、「借金漬《づ》けで赤字が

膨《ふく》らんでいますよ」ということばかり言い続けています。確かに、国の借金は、この何十年間で増えたかもしれないけれども、その間、国のGDPもずっと増え続けてきたのです。

例えば、年商百億円の会社に、借金が十億円あったとして、その会社が年商一千億円になったときに、借金が百億円になったとしても、別におかしくないんですよ。さらに、年商一兆円になったら、一千億円の借金があってもおかしくないのです。

この場合に、「昔は借金が十億円だったのに、それが百億円になり、今は一千億円になっています。これは、おかしいのではないですか。危ないのではないですか」と言うのは簡単です。庶民《しょみん》感覚から言えば、一千億円というのは、ものすごく巨額《きょがく》の借金です。

しかし、百億円の売り上げだった会社が、一兆円の売り上げになったら、借金が一千億円になっても別におかしいことではないのです。これは、資本主義的な発展を意味しています。

さらに、借金の反対側に、それに見合うだけの資産ができている場合、要するに、本社の家屋《かおく》が自前のものになったとか、土地も自前のものになったとか、工場を自前のものとして建てたとかいうようなことがあれば、これは財産があることになりますよね。

だから、「貸借対照表の負債の部だけを一生懸命に発表して、資産の部については、一切、言わない」というのは、基本的に、企業家としての才能のない人たちが財務省を仕切っていることを意味しています。意図的にマインドコントロールをされているんですよ。財務省と日銀の両方からマインドコントロールをずっとかけられているのが、日本経済なのです。

これが、この二十年間、日本経済を実は迷わせてきたものです。それは彼らが入省したとき、あるいは入行したときに、先輩《せんぱい》たちに教わったことそのものなんですよ。それは、戦後ずっと発展し続けてきた日本経済が失速するのを恐れるがゆえに、教えられてきた教訓であるのです。

日本銀行と財務省がマインドコントロールしている日本経済

時代錯誤の「インフレファイター※」に固執し、「インフレ懸念」ばかりを繰り返し発信している。

問題は……◆必要なときに、十分な資金を供給していない。

→企業が設備投資しないので発展しないし、雇用も生まない。

→新しい産業ができてこない。

※インフレファイターとは？
インフレを極端に嫌い、物価安定を最も重視するタイプの金融当局者や中央銀行のこと。

「借金漬けで財政赤字が膨らみ続けている」ことばかり言い続け、資産については何も言わない。

実際は……◆国と地方をあわせて、借金が1000兆円としても、資産は700兆円前後ある。つまり実質のマイナスは300兆円程度。

◆確かに、国の借金は増えたが、その間、GDPも増え続けている。税収を増やしたければ、GDPを増やすことが先決。

しかし、彼らは、「日本経済が衰退《すいたい》に入ったときには、どうするか」ということを教わっていません。そういう場合についての政策を発明しなければいけないのですが、彼らは秀才《しゅうさい》であるがゆえに、今まで教わったこと、授業で聞いたことを、丸ごと覚えてしまい、そのまま実践《じっせん》しているのが現状で、イノベーター（革新者）になれないでいるんですね。これが哀《かな》しいところです。

私が総理だったら、「一千兆円規模」の予算を組んで未来産業を起こす

「私が総理だったら」というのは、あり得ない前提ですので、言いたい放題を言って構わないのだろうと思いますけれども、私が総理だったら、財政赤字だとか、そんな小さいことは言わないですね。だって、赤字と言ったって、国が九百兆円ぐらいで、地方を入れても一千兆円まで行っていないのでしょう?

まあ、一千兆円の借金があるとしても、もちろん、債権部分など、資産の部に計

上されるのは、おそらく七百兆円前後あると推定されるので、マイナスは三百兆円ぐらいしかないはずです。

しかし、日本のGDPの規模は、ヨーロッパの国などに比べれば、ずっと大きいですから、例えば、GDP規模を十分の一にしたら、三百兆円の借金というのは、わずか三十兆円にしかすぎないわけです。したがって、そんなに恐れるほどのことはないと思いますね。

私なら、大胆《だいたん》に未来産業をつくってしまいますね。そうしたら、失業対策だけでなく、将来、もっともっと国の発展がありうると考えます。

ですから、「私が総理だったら」という前提で言うのでしたら、あまり小さいことを言っても意味がないので、どうせなら、一千兆円ぐらいの新たな資金を起こしますね。今、借金があると言われている額と同じぐらいの日銀券を刷ればいいんですよ。一千兆円分ぐらい刷ったらいいのです。

そして、大胆に、未来産業を全国的に起こしますね。あっという間に、この国の成長率は八パーセントから十パーセントぐらいの間に上がっていくはずです。それは、ある種のインフレかもしれないけれども、二十年間、これだけ停滞《ていたい》したことから見れば、やっと中国レベルの発展速度になるということでしょう？　その中国をまた追い抜《ぬ》いていく流れが、これから始まるんですよ。

そのくらいやらなければいけないのです。このお金は、全部、借金になって消えるわけではありません。必ず財産になって、将来、税収を生んでいき、国民の富を増やしていくかたちになるのです。

そのように、私であれば、財政出動と金融政策とを両方組み合わせながら、さらに、一千兆円ぐらいの大きな予算を考えますね。そして、この国を、今の二倍の経済大国にすることを目指します。

経済成長へのアドバイス

「私が総理だったら、
一千兆円ぐらいの
新たな資金を起こし、
大胆に、未来産業を
全国的に起こします。」

宇宙開発

航空産業

リニア網整備

など

城取　ありがとうございます。私からの質問は以上です。
質問者を替《か》わらせていただきます。

ドラッカー　はい。

Chapter 3

今、日本の外交にいちばん必要なこと

1　中国とどう付き合っていくか

吉井　ドラッカー先生、本日はご降臨賜《たまわ》りまして、まことにありがとうございます。私はHS政経塾の吉井と申します。本日の学びを生かして、日本の政治に企業家《きぎょうか》精神を植え付け、イノベーションしていけるよう、努力してまいりたいと思います。

ドラッカー　うん、うん。

吉井　それでは、さっそく質問させていただきます。

国家のマネジメントにおきましては、企業のマネジメントを超《こ》えるものとして、外交という側面が出てくると思います。

ドラッカー　うん、うん。

吉井　今、お隣《となり》の中国に対しては、マスコミの報道等でも、「マーケットが非常に大きいので、企業にとってはチャンスであり、経済的な利益が大きい」と言われる一方、先般《せんぱん》の尖閣《せんかく》諸島問題などに見られるように、「軍事的な脅威《きょうい》もある」ということで、若者たちも、中国についてどう考えたらよいのか、迷っているところがあると思うのです。

そこで、もしドラッカー先生が日本の総理だったら、お隣の中国と、どのように付き合っていかれるかについて、ご教示いただければと思います。

私なら、「中国の富を吸収してしまう作戦」をとる

ドラッカー　そうですねえ。中国の軍事的な脅威を、みなさんは恐《おそ》れていらっしゃるのだろうと思うし、それは、当然の懸念《けねん》かとは思いますけれども、その一方で、アメリカの大胆《だいたん》さも見習ってほしいと思うんですよ。

アメリカは、中国をいちおう仮想敵国として、軍事的に負けないように軍備を増強しつつも、中国との貿易額は最大になってきていますし、アメリカ国債《こくさい》を中国にたくさん買わせていますよね。中国の外貨で、ものすごい量のアメリカ国債を買わせている。アメリカは、こういう矛盾《むじゅん》したことを平気でやれる国ですよね。

だから、日本も少しまねをなされたらよろしいのではないですか。「中国は日本にとって脅威だ」ということもあろうかと思いますけれども、日本国債の九十何パーセントは日本人が買っているのでしょう？　だから、それだけではちょっと資金

が不足しているんですよ。中国にお金が余っているのでしたら、中国の方《かた》に日本国債をたくさん買っていただいたらいいと思いますよ。

そうすれば、日本経済がボロボロになったら損をするのは彼らですから、日本経済がボロボロになるようなことを彼らはできなくなります。だから、中国と敵対するのも結構ですが、むしろ彼らを抱《だ》き込《こ》んでしまって、日本にしっかり投資させたらいいんですよ。

日本に投資して損をしたら、自分たちが経済的に困るだけですので、お金持ちになった向こうの人たちに、日本の国債とか株とか、いろいろなものをしっかり買わせたらいいと思います。日本の企業が発展しなければ彼らが損をするようにしてしまえばいいんですよ。

そうしたら、「戦争で攻《せ》めてきて、日本を破壊《はかい》する」などということは、メリットもあるかもしれないけれども、同時にデメリットも呼ぶことになるため、ある意味で、綱引《つなひ》きの状態になります。

つまり、中国が日本を攻めるとなったら、中国人が持っている国債や、その他の資産全部を、日本政府は凍結《とうけつ》してしまえばいいわけです。全部、没収《ぼっしゅう》すればいいんですよ。そうすれば、向こうは損をするだけですから。

中国は資金をせっかく貯《た》めているのですから、それをしっかり吸収してやればいいと思います。中国資金をしっかり吸収して、日本の未来産業に、できるだけそのお金を回せばいいと思いますね。

「そのようにすると、植民地化が早く進むのではないか」と言うかもしれませんが、どっこい、そうは行かないんですよ。これは、〝横綱《よこづな》対横綱の戦い〟ですので、そんなに簡単ではないのです。

要するに、アメリカがやっているのと同じことが起きるわけですね。日本は、一種の国粋《こくすい》主義というか、「金融《きんゆう》鎖《さ》国《こく》主義」をとっていることは間違《まちが》いありません。意外に、ほかの国を信用していないんですよ。

ですから、「中国の富を吸収してしまう作戦」をとればいいと思うのです。そうすれば、向こうの投資家は、損をするとブーブーとブーイングを始めますので、中国政府は日本の資産価値が落ちるようなことができなくなってき始めます。だから、日本に投資をさせて構わないと思いますね。

海外からの投資を呼び込《こ》み、資金総量を増やせ

日本の国際化が進むのは悪いことではありませんので、外国からの投資をどんどん増やしたらいいと思います。

国民からは、もう税金を取れないし、国債もこれ以上増やしたくないと言っているんでしょう？　それなら、外債でいいんですよ。外国の人にどんどん買っていただいて、その分は平和的なものへの投資に充《あ》て、日本の国民から集めたお金は国防のために充てたらいいのです。そうすれば、別に困らないので、どんどん資金を吸い上げるべきですね。実際、国内だけで回していると駄目《だめ》です。それでは動きませ

ん。

ですから、日本の脅威になると思う国からは、資金を吸い上げたほうがいいのです。中国からも吸い上げるべきだし、ロシアからも資金を吸い上げるべきですね。こちらからも投資をしますけれども、向こうからも資金をどんどん投資させなければいけないと思いますね。

そうすると、アメリカからの投資も絶対に増えます。ロシアや中国からの投資が増えるようだったら、競争上、アメリカも投資してきます。それから、アジア諸国も安心して投資してくるでしょう。

日本への投資額を増やしていくことによって、運命共同体になっていきます。商業の世界は、基本的に戦争を嫌《きら》うのです。戦争が起きれば、経済は停滞《ていたい》しますので、商業的に発展したければ、戦争は起きにくくなるのです。

今の日本は、ある意味で、経済鎖国をしています。金融上は鎖国をしている状態が続いていると思いますので、もう一段、オープンにしてもいいと思いますね。

そして、平和利用の宇宙開発や航空産業、それから海底の開発等を、どんどんやったらいいと思いますよ。海底資源の開発は中国もやりたいのでしょうけれども、日本もしっかりやられたらいいと思います。それについては、中国のみならず、ほかの国からも投資を募《つの》り、外国資本を集めて一緒《いっしょ》にやったらよろしいと思いますね。

そのようにして、資金の総量を増やしておいたほうがいいですね。資金総量を増やさないと駄目です。国内からは取れないのですから、海外からの投資を増やすべきです。

アラブからも取るべきですね。アラブには、ドバイなど、お金のあるところはたくさんありますので、アラブからも投資を呼び込《こ》んだほうがいいと思いますね。

アラブには、「日本と友好関係を結ぶことによって、アメリカとの戦争を避《さ》ける」という大義がございますし、日本に仲介《ちゅうかい》してほしいという気持ちを持っております。したがって、アラブ諸国にも、日本にオイルマネーを投資させることは大事だと思いますね。

「いざというときには、日本がブローカーとしてアメリカとの間に立ち、戦争が起きないように仲介の労をとる」ということを売り文句にして、日本に投資させ、日本の資金総額、予算総額を増やしていくことが大事ですね。

予算が今の二倍になれば、起こせる事業も二倍になるはずです。まあ、外国企業も増えるかもしれませんが、それは当然だと思いますね。「日本語が難しいから、外国企業は日本に入れないのだ」と、日本人は思っているけれども、それだけではないと思います。やはり、ある意味で、日本は鎖国状態にあると思いますね。

もっと国を開いてもいいと思います。その場合、当然、好き嫌いは出ますので、「日本に対して親和性のある政策をとる国に対しては、さらに優遇《ゆうぐう》を与《あた》えていく」という考え方で構わないと思うんですね。

私は、外国の資金をもっと吸収すべきだと思います。

吉井　ありがとうございます。

ドラッカーなら、中国とどのように付き合うか

アメリカの大胆さを見習って、
中国の富を吸収してしまう作戦をとる。

中国に、国債や株を買ってもらう。

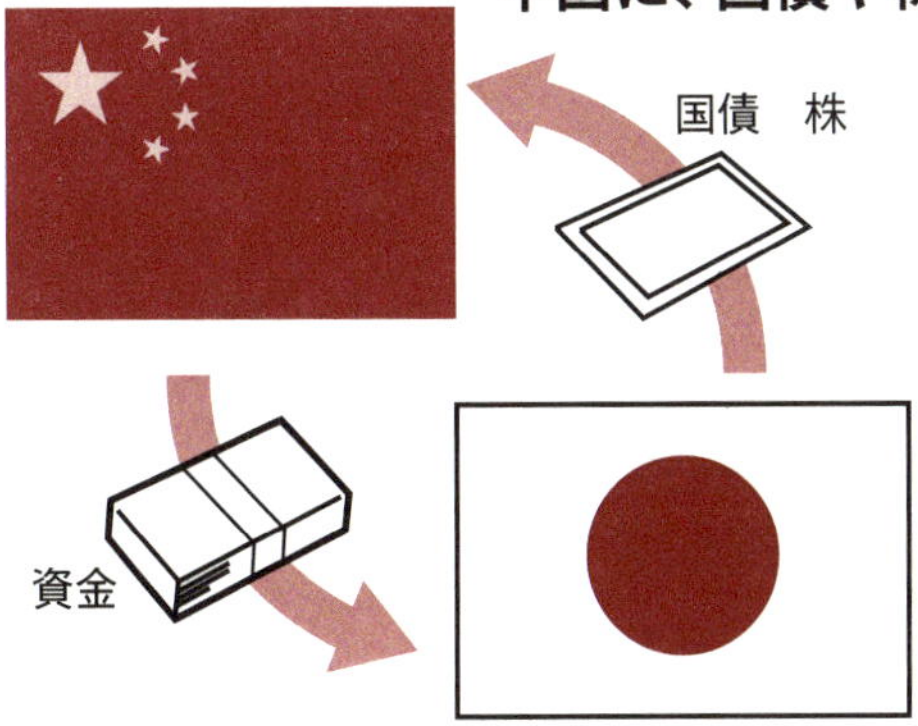

中国の資金を吸収し、
未来産業に投資する。

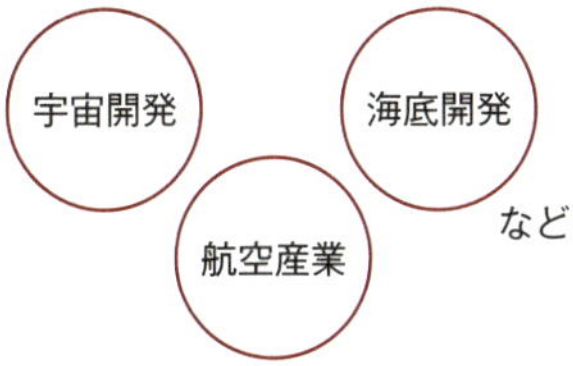

運命共同体になってくると、
戦争が起きにくくなる。
（＝日本の資産価値が落ちるようなことができない）

2 国連の常任理事国入りを目指せ

吉井　外交に関して、「金融《きんゆう》のところをしっかりとやっていくことで、運命共同体となり、逆に護《まも》られるのだ」というお話を頂いたのですけれども……。

ドラッカー　うん、うん。

吉井　今、領土問題として、中国とは尖閣《せんかく》諸島や沖縄《おきなわ》、ロシアとは北方領土、韓国《かんこく》とは竹島、こういった所が問題になっています。

ドラッカー先生が、今、日本の総理になられた場合に、外交において、いちばん大切にされることは、どのようなことでしょうか。

国連常任理事国に入るための条件

ドラッカー　うーん、まずは、国連の常任理事国に入ることが大事だと思いますね。これだけの大国になって、入っていないことのほうがおかしいと思いますので、やはり、国連の常任理事国に入るために必要な条件を満たすことが大事だと思います。

そのためには、外交の能力をもっと上げなければいけないし、今、言ったように、経済的な鎖国《さこく》状態が一部にありますので、それをもう少し開《あ》けるべきだろうと思うし、発言力も必要ですね。

世界に対する「オピニオン力」が足りないために、日本は、「能がない国だ」と思われているというか、「考え」がないように思われています。アメリカにただついていっているだけの国にしか見られていないのです。やはり、オピニオン（意見）をきちんと発信することが大事ですね。

マスコミについても、「世界的なマスコミ」をつくらなければいけません。世界の情報を網羅《もうら》し、その情報を発信できるようなマスコミをつくらなければいけないでしょうね。

それから、軍備についても、「一切してはいけない」とは、私は思っていないので、まずは、少なくとも、通常防衛のレベルで、「自分の国は自分で守れる体制」をきちっとつくるべきだと思いますね。

核《かく》兵器等については、憲法上の難しい問題や、過去に原爆《げんばく》を投下されたことへの怨恨《えんこん》と言いますか、ルサンチマンがかなりあって、抵抗《ていこう》がすごく大きいだろうと思います。

しかし、まずは通常防衛のレベルで、戦争によって国が支配されないようなところまで、きちっと体制をつくることは、国際的に見ても、何らおかしいことではありません。まず、これをきちっとやることです。

あとは、日米安保があるうちは、まだ通常兵器で国を守れますので、それでもよいのですが、次は、どこかの段階で、やはり核武装に踏《ふ》み切るべきだと思いますね。これをやらなければ、絶対に常任理事国にはなれませんので、どこかで踏み切るべきです。

「抑止力《よくしりょく》としての核《かく》兵器」は必要

イスラエルのような国でも核《かく》武装をしているわけですし、パキスタンだってしているんでしょう？　インドだってしているんですよ。ね？　北朝鮮《きたちょうせん》もしているんですよ。北朝鮮は、放っておけば、どんどん核武装を進めていくのは間違《まちが》いないでしょう。裏から中国が援助《えんじょ》していますからね。

だから、北朝鮮の核武装を警戒《けいかい》して、それに対する抑止力《よくしりょく》としてのみ、いちおう、こちらのほうも準備はしておくということです。「敵地先制攻撃《こうげき》で核を使うつもりは、全然、ありませんが、日本に撃《う》ち込《こ》んでくる可能性のある国があるので、抑止力としての核を、いちおう持っておきます」ということですね。

そんなに大量に持つ必要はありませんけれども、少しは持っている必要がありま す。「アメリカ軍が、グアムから、ゆっくりやってくるまでの間、防衛しなければいけませんので」ということで、核兵器をつくってしまえば、もうそれで終わりなんですよ。

北朝鮮に対して、アメリカが手を出せないでいますが、それは、「事実上、どうも核兵器をつくってしまったらしい」と考えられているからなのです。六カ国協議だとか、中国に交渉《こうしょう》させるだとか、まだるっこしいことをやっていますけれども、それは、実際上、すでに核を持っていると見ているからです。

ああいうクレイジーな国は、本気になったら、「国が滅《ほろ》びてもいい」と考えて、核を落としに来ますのでね。そういうことをやられると万単位の人が死ぬので、手を出すことができないでいるのです。

だから、核兵器は、そんなにたくさんある必要はないんですよ。北朝鮮でも、一個あるか、二個あるか、五個あるか、十個あるか、それは分かりませんが、「あるのは間違いない」と思われるだけで、他の国は攻撃ができないわけですね。

国民の生存権を守ることは政治家の使命

もし核攻撃を受けたら大きな被害《ひがい》が出ます。今の北朝鮮や、もちろん中国にも核兵器がありますけれども、その状況《じょうきょう》を見るかぎり、防衛のための準備をしておくことは、政治家として当たり前のことではないかと思うし、別にアメリカの許可が要《い》る問題ではないと私は思いますね。

「これは防衛のためのものです」ということで、日本の国が自主的に判断してよいことなのです。

「日本の国是《こくぜ》として、憲法によって禁じられているのは、あくまでも、敵地先制攻撃的な核攻撃であって、そういうことは、よろしくないことでしょうけれども、日本国憲法上は、日本国民の生存権を守ることは許されております。しかし、他国から一方的に核攻撃ができて、こちらのほうは、まったくやられ放題ということでは、国民の生存権が守れませんので、専守防衛目的で、いちおう、核を持たせていただきます」と言えばよいのです。

数はそんなに多くある必要はなくて、とりあえず、存在すればいいのです。核が存在すれば、「日本の技術は高いから、当たるかもしれない」と、向こうが思うので、それだけで十分なわけですね。

「北朝鮮の技術は低い」とは言っても、核はどこに落ちても威力《いりょく》がありますから、たとえ九州を狙《ねら》ったものが北海道に落ちようとも、やはり怖《こわ》いものは怖いのです。技術的に低くても、核兵器には、そういうところがあります。

したがって、宇宙へのロケットの打ち上げ訓練を一生懸命《いっしょうけんめい》にやりながら、同時に、「いざというときには、どのくらいのタイムスケジュールで核兵器をつくれるか」ということを、政治日程として詰《つ》めておく必要があります。

日本全国に原発があれだけあるのですから、国民には知らされていないけれども、実は、核兵器をつくる準備はしているはずなのです。準備はもうすでにできていると思います。原発の数から見て、プルトニウムの残有量、保有量はかなりあるので、そうとうの核武装に入ろうと思えば入れる準備はできていると思います。

向こうが、「核で日本を攻撃する」と宣言したときに、「実は、うちにもあるんです」と、一言、言ったら、それで戦争はなくなるのです。だから、核攻撃をすると言われたときに、「実は、うちにもあるんです」と言えるだけの準備は、密《ひそ》かに進めておかなくてはいけません。それは、政治家としての使命だと思いますね。

ただ、その際に、「先制攻撃をする」というようなことは、あまり言わないほうがよろしいと思います。向こうが、「核によって日本を支配する」と脅《おど》してきたときにのみ、それを明らかにすればいいと思うんですね。

だから、どの程度できるのか、きちんと時間的な見積もりや費用的な見積もりをし、段取り等をつけておくことは、政治家としていちばん大事なことだと思います。

「日本だけが、唯一《ゆいいつ》、核《かく》武装する権利がある」と言える理由

アメリカが、日本から引いていくのは、もう時間の問題です。あの沖縄の態度を見れば、アメリカはいずれ引いていくと思います。この十年の間に、日本の基地から米軍が引いていくのは確実です。それは間違いないでしょう。

それまでの間《あいだ》に、日本は核《かく》武装をしなければいけないと思いますね。米軍は必ず引いていきますよ。そうすると、日本は完全に中国の覇権下《はけんか》に入ってしまいますので、そのときに、国体まで変えられてしまう可能性があります。

国対国として、自由に、平等に、平和裡《へいわり》に交流できるためには、やはり対等でなければいけないと私は思いますね。

核兵器というのは「使えない武器」ではありますけれども、「一方が持っていて、

もう一方が持っていない」となると、それはもう、幕内《まくのうち》に入ったのと入らないのとぐらいの違いがあるのです。

やはり、目的は、国連の常任理事国にきちんと入るということですね。それが大事だと思います。

アメリカの基地は、十年以内ぐらいに、日本からほとんど引いていくと見てよいと思いますので、この間《かん》に、備えをしておくことは必要です。そうしないと、日本という国がなくなる可能性があります。

「国がなくならないようにする」ということは、政治家として十分な義務、十分すぎる義務です。

逆に言えば、考え方を変えればいいわけです。「広島と長崎に核爆弾を落とされて、それぞれ十万人単位の人が死んだ国であるからこそ、国連に加盟する百九十二カ国のうちで、核武装をする権利があるのは、唯一《ゆいいつ》、日本だけである」と言えばよろしいのです。

「日本には核武装をする権利があるけれども、ほかの国には基本的にない。日本は、核攻撃をされた唯一の国であるからこそ、防衛上、核武装を考える権利があるのだ」という考え方も成り立つわけですね。

だけども、広島では、平和の誓《ちか》いで、「二度とこうした間違いを犯《おか》しません」と、繰《く》り返し言っている。ただ、「どこがどこを攻撃して、どういう被害が出たのか。その責任はどこにあるのか」ということを、一切、明らかにすることなく、「政府の行為《こうい》によって、こういうことが二度とありませんように」と言っているだけなんですね。

しかし、広島を攻撃したのは、日本の政府ではありません。日本の政府が広島に原爆を落としたわけではないのです。日本の政府が広島に原爆を落としたのなら、広島の市民は、「日本の政府が暴走して、二度と広島に原爆を落としませんように」と、平和の誓いを立てても構わないのですが、落としたのはアメリカなんです。

だから、日本に原爆を落とす可能性があるのは、日本の仮想敵国になる国なんですよ。

今のままで行けば、北朝鮮が日本を占領《せんりょう》することは可能だし、中国も日本を占領することは可能だし、パキスタンだって日本を占領することは可能です。インドは、友好国にもなれるけれども、敵になろうとすれば、そうなることも可能です。

もし、アメリカに守ってほしいのならば、アメリカと友好状態を保たなければいけないのですが、国民の七十七パーセント以上が中国に対して嫌悪《けんお》感を持っているなかで、「米軍基地は出て行け」という主張が地方自治で堂々とまかり通っているわけですよね。

そうすると、「次の時代には米軍の撤退《てったい》が起きる」というのは、もう読めることですので、日本国民を守り、日本の国を存続させるためには、十年以内に、「核兵器がある」と言える状態にしておかなければいけないと思います。

それはもう、決断の問題ですね。誰《だれ》か一人か二人、まあ、一人ではできないかもしれないけれども、やはり、歴史の決断として、勇気を持って、それを受け止めなければいけないと思いますね。

核《かく》戦争を恐《おそ》れる人は、「飛行機を怖《こわ》がる人」に近い

核《かく》兵器は、世界中にたくさんありますけれども、広島・長崎以外では、まだ一度も使われていない兵器なんですよ。

例えば、飛行機を見て、「あんな鉄の塊《かたまり》みたいなものが空を飛んだら、落ちるのではないか」と恐《おそ》れる人がいるかもしれませんが、実際には、飛行機事故で死ぬ人は数が少なくて、「飛行機は、百万回に一回ぐらいしか落ちない」と言われていま す。

それに対して、自動車事故で死ぬ人は、日本では、長年、毎年一万人近くいました。最近は年に数千人ぐらいかもしれませんが、以前は、一万人近くが死んでいましたし、百万人近い怪《け》我《が》人《にん》も出ていました。

ですから、核戦争を恐れる人というのは、飛行機よりも自動車のほうがよほど危険なのに、「自動車には、いくらでも乗り放題で、飛行機は怖《こわ》がっている」という状態にかなり近いんですよ。

通常の紛争《ふんそう》は、今後、いくらでも起きると思いますけれども、核戦争は、飛行機がなかなか落ちないのと同じように、現実にはまず起きません。しかし、「自動車だけがあれば十分です。飛行機は要りません」というような考え方では、やはり危険だと思いますね。

十年以内に、アメリカは引いていきます。まあ、一カ所ぐらいは残るかもしれませんけれども、一カ所ぐらいの基地を残して、ほとんど引いていくと見たほうがよいでしょう。アメリカの財政状態および軍事的な流れから見ると、引いていく可能性は極《きわ》めて濃厚《のうこう》であると思われます。

したがって、最後は核で脅されますので、通常兵器で国を守る準備をするのは当然ですけれども、やはり、核兵器をつくる準備に、もうかからなければいけないと私は思いますね。

吉井　ありがとうございました。今日、教えていただきました外交の軸《じく》を、しっかりと生かしていきたいと思います。

ドラッカー　常任理事国に入《はい》らなければ駄目《だめ》ですよ。これだけの大国になっているのに、日本を常任理事国に入《い》れないというのは、世界の考え方が、やはり間違っていると思うし、要するに、「日本人が、自分の意見を言えない」ということが大きいと思うんですね。

だから、そうならなければいけないし、その方向でいいと思いますよ。

吉井　どうもありがとうございました。

今、外交において、いちばん大切なこと

日本は、国連の常任理事国入りを目指せ！

そのためには、

□ 外交能力をもっと上げる。

□ 経済的な鎖国状態を改善する。

□ 世界に対して、オピニオンを発信する。

□ 世界的なマスコミをつくる。

□「自分の国は自分で守る」体制を固める。
　→どこかの段階で、専守防衛目的の核兵器を持つべき。

> 米軍が今後10年以内に日本から引いていくことは確実。今のままでは、日本は中国の覇権下に入り、「日本という国がなくなる」可能性がある。

3　日本の国が消えてなくならないために

私は社会生態学者として日本を愛している

ドラッカー　こんなことを私が言わなければいけないというのは、まあ、情けない話です。私は経営学者というか、社会生態学者であり、外交は専門ではないのですが、ただ、客観的に見るかぎり、結論的には、やはり、そのようにせざるをえないだろうと思うのです。

したがって、準備はしておいたほうがいいということですね。

社会生態学者として、私は日本という国を愛しているので、日本の文明がこの地上から消えてなくなっていくことを恐《おそ》れています。やはり、消えてほしくない。この国には残ってほしいのです。

だから、この国を守るということには、一定の価値があると思います。

一方、中国も、長い歴史を持っている文明ですから、なくならないでほしいと思います。

共に、侵略《しんりゃく》などすることなく、平和裡《へいわり》に、貿易あるいは経済的な交流を深めていくことが望ましいと思います。

ただ、「力関係として、一方があまりにも強く、もう一方があまりにも弱くなってしまった場合には、対等な付き合いができなくなりますよ」ということを言っているわけです。

今、日本人は、アメリカの後ろ盾《だて》があると思って、甘《あま》く見ているけれども、アメリカはやがて引いていきます。沖縄《おきなわ》で起きた事件を見ても、「それが、アメリカ国民に対して、いったい何を意味するのか」ということが、まだ分かっていない。日本人は、あまりにも能天気すぎますよ。

これは、必ず、私が言ったようになっていきますので、準備に入らなければいけないと思いますね。そのときは、もう来ていると思います。

オバマさんは、今のところ、核《かく》戦争をしてまで積極的に日本を守ろうとはしないと考えられます。だから、アメリカの強硬《きょうこう》派の政権が出てくるのを、いたずらに待つだけでは駄目《だめ》だと思いますね。

また、日本に自主防衛しようと努力する姿勢があってこそ、アメリカのほうにも、「それなら、こちらも守らなければいけない」という考え方が出てくるのです。

「自分たちで自分の国を守る気がないのに、ほかの者が守ってやらなければいけないような状態が、戦後六十五年もたって、まだ続いている」ということ自体が、日本が精神的に植民地状態にあることを意味していると思いますね。

私は、日本文明には生き残ってほしいので、そのくらいのことは考えておいたほうがいいと思います。

日本の未来は、「たった一つの決断」にかかっている

「核兵器を持てば、むしろ、攻撃《こうげき》されるのではないか」と考える向きもあるかもしれません。確かに、持っていなければ攻撃されないかもしれませんが、それは、「攻撃される前に白旗を揚《あ》げる」ということを意味しているだけのことです。「煮《に》るなり焼くなり、好きにしてくれ」ということですね。

要するに、「剣《けん》を持っている者に素手で立ち向かう」というスタイルですから、相手が、「素手の人は斬《き》れない」という武士道を心得ているなら結構ですが、「素手なら斬りやすい」と思っている場合には、大変なことになりましょうね。そういうことを申し上げておきたいですね。

これは、社会生態学者としての客観的な分析《ぶんせき》です。現に、欧米《おうべい》の五十パーセントぐらいの人は、「日本は、当然、核武装をしているだろう」と思っています。その

ように思っている人はたくさんいるわけなので、核武装していないほうが本当はおかしいと思うんですね。

北朝鮮《きたちょうせん》に対しては、核兵器をほんの数発持っているだけでも、十分な抑止力《よくしりょく》になります。「こちらも撃《う》てますよ」と言ったら、それで終わりです。ほかに何も要《い》りません。

だから、私はそうすべきだと思います。費用的なものも、こちらのほうが本当は安いのです。

核で日本を攻撃できなくなった場合、北朝鮮が通常兵器で日本を占領《せんりょう》することは不可能です。今の経済力から見て、それだけの艦船《かんせん》と侵略軍を維持《いじ》することはできません。通常戦争では、日本を侵略することは不可能だと考えられますので、核の抑止力を持つことは大事なことだと私は思いますね。

まあ、あとはディベートですから、「もし、日本が核を持つことに反対なされるのでしたら、みなさまがたも、どうか、日本の憲法九条を自国の憲法に採用してください。それが『人類普遍《ふへん》の法則』であるならば、どうぞ採用してください」と申し上げるべきかと思いますね。

今は、国連から脱退《だったい》しそうなのは、むしろ、北朝鮮や中国のほうであって、日本のほうではありませんので、かつて日本が国際連盟を脱退したときのような状況《じょうきょう》とは違《ちが》うと思います。

これは、やはり、民族の存続がかかっていると思います。もし、「中国人になっても構わない」というなら結構ですけれども、私としては、日本文化を愛しているので、できれば日本が生き延びてほしいと思うし、日本には、今、新しいミッションも生まれておりますので、それを支える意味でも、ある程度、自衛することは大事だと思います。

私は、「アメリカのように、全世界を滅《ほろ》ぼすほどの核兵器を持て」とは申しません。ただ、「脅《おど》しに屈《くっ》しないレベルの準備をしておく必要はある」ということを申し上げておきたいと思いますね。

日本文明は、ぜひ、来世紀もあってほしいと願っております。それは、「たった一つの決断」で決まることです。

また、先ほど言ったように、中国から日本に投資をさせて、向こうの財産権がなくなったら困るような状態に巻き込《こ》んでおくことも大事だと考えます。そうすれば、共存共栄していけるのではないでしょうか。

ある国の属国から別の国の属国に移るような選択《せんたく》は、決してすべきではないと考えますね。

吉井　ありがとうございました。

ドラッカー　うん。

勇気を持ち、リスクを取って発言せよ

江夏　ドラッカー先生、本日は、政治の話から経済、外交、軍事に至るまで、いろいろな点について本当に分かりやすく説いていただき、まことにありがとうございました。非常に、勇気と希望を頂きました。

ＨＳ政経塾の塾生一同、さらに研究を深め、理想の実現に向けて、ますます精進《しょうじん》してまいります。

ドラッカー　まあ、世間が言わないことを言うのが、あなたがたなのだろうから、「変わったこと」を、しっかりとおっしゃったらよいのではないですか。世間が言わないことを言うから存在意義があるわけです。世間が言うことしか言わないのなら要らないんですよ。

そこに存在意義があるのでしょうから、勇気を持ち、リスクを取って発言しなければいけないのではないでしょうか。私はそれが大事だと思いますけれどもね。日本という国には、今、大きな使命が降りているので、どうか、その使命を守って発展してほしいと思います。

私も、「今の政権のままだったら、この国はなくなってしまう可能性が非常に強い」と感じている者の一人です。国の危機だと思っています。

だから、どうか、もっと大きな視野をお持ちになってください。アジアやアフリカ、それから、イスラム圏《けん》でも、日本の活躍《かつやく》というか、日本が世界の平和のためのバランサー（釣《つ》り合いを取る存在）になってもらいたいと願っている人たちは、数多くいるんですよ。

「アメリカと対等に話ができ、仲裁《ちゅうさい》してくれるのは、日本しかない」と、アジアの国も思っているし、イスラム圏の国もそう思っているので、「日本が強くなることに反対している国ばかりではないのだ」ということを、知っておいたほうがいいと思います。

日本が強くなることに、反対するのではなく、むしろ歓迎《かんげい》する国もたくさんあるのだということを、知っておいてほしいですね。

江夏　本日は、ありがとうございました。

ドラッカー　はい。どうも。

あとがき

『HS政経塾』とは「ハッピーサイエンス政経塾」の略称で、将来の日本の政治家、財界人を育てるための吉田松陰の「松下村塾《しょうかそんじゅく》」の現代版である。また、『幸福実現党』への「有力政治家の卵」供給源となるとともに、そのブレーン的役割も果たす目的ももっている。

本書成立にあたって、塾生の協力に感謝する。

二〇一一年　二月十六日

HS政経塾名誉塾長《せいけいじゅくめいよじゅくちょう》　大川隆法《おおかわりゅうほう》

『もしドラッカーが日本の総理ならどうするか?』大川隆法著作関連書籍

『ドラッカー霊言による「国家と経営」』(幸福の科学出版刊)

『ザ・ネクスト・フロンティア』(同右)

もしドラッカーが日本《にほん》の総理《そうり》ならどうするか？
――公開霊言 マネジメントの父による国家再生プラン――

2011年3月17日　初版第1刷

著　者　大《おお》川《かわ》隆《りゅう》法《ほう》

発　行　HS政経塾
〒141-0022 東京都品川区東五反田1丁目2番38号
TEL(03)5789-3770

発　売　幸福の科学出版株式会社
〒142-0041 東京都品川区戸越1丁目6番7号
TEL(03)6384-3777
http://www.irhpress.co.jp/

印刷・製本　株式会社 堀内印刷所

落丁・乱丁本はおとりかえいたします

ISBN978-4-86395-100-6 C0030
Illustration: 水谷嘉孝

人生の大学院として、理想国家建設のための指導者を養成する

HS政経塾

HAPPY SCIENCE INSTITUTE OF GOVERNMENT AND MANAGEMENT

HS政経塾とは

幸福の科学　大川隆法総裁によって創設された、「未来の日本を背負う、政界・財界で活躍するエリート養成のための社会人教育機関」です。既成の学問を超えた仏法真理を学び、地上ユートピア建設に貢献する人材を輩出する「現代の松下村塾」「人生の大学院」として設立されました。

大川隆法名誉塾長

「HS政経塾」の志とは

HS政経塾の志をあえて述べれば、「現代の松下村塾はここにあり」というところです。

松下村塾そのものも、山口県萩市にある遺構を見ると、非常に小さな木造の建物ですけれども、あそこから明治維新の偉大な人材が数多く出てきました。

やはり大事なのは規模や環境ではなく、志や熱意を中軸にして、各人の行動力や精進力に火をつけていくことなのです。

したがって、自分に厳しくあっていただきたいのです。あらゆる言い訳を排して、自らに厳しくあってください。自らを律し、自ら自身を研鑽して、道を拓いていただきたいと考えています。

（HS政経塾第一期生入塾式 講話「夢の創造」より）

■カリキュラムの特徴

①仏法真理の徹底教学

週に一度のペースで公案研修を行い、大川隆法名誉塾長の理想を魂に刻みます。

大川隆法名誉塾長の経典、法話、公案を徹底的に参究し、仏法真理の優位性と、名誉塾長の描かれる理想国家ビジョンを腑《ふ》に落とします。

②専門知識の習得

経済思想の講義の一コマです。塾生のレポート（一部）はホームページ上で発表しています。

自学自習を原則としながら、専門家や識者を招いての講義も行います。

１年目は、政治思想、経済思想、国際政治の基礎をマスターします。２年目はフィールドワークも交えた政策研究を行い、新たな政策提言を行います。

③政策実現のための実践力を身につける

３年目までに自らのライフワークを決め、政策実現のための知識と実務能力を身につけます。また、伝道、献本などの宗教活動、政治活動などに取り組み、政治家としての行動力や実践力を鍛えます。

定期的に辻立ち、街宣活動などに取り組んで、政治家としての実践力を鍛えています。

④政治家としての総合力の養成

切れ味鋭いディベート能力、日本の歴史や文化などに関する幅広い教養、海外人脈を構築できる高い英語力を身につけるとともに、体力、気力の鍛錬を通じて政治家としての総合力を磨きます。

書道、茶道、華道など、文化、教養を身につけるプログラムもあります。

富士山登山、フルマラソン大会出場などを通じて、心身の鍛錬を行います。

■塾生の一日

HS政経塾生の主な一日をご紹介します。
※この他にもさまざまなプログラムがございます。

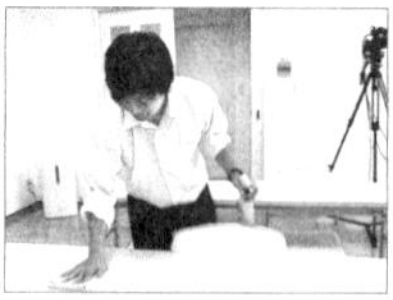

8:30　作務

作務は自分の心を見つめる修行です。研修施設を使わせていただくことへの感謝を込めて、隅々まで磨き込みます。

9:00　朝礼

研修をご指導くださる主エル・カンターレ、大川隆法名誉塾長へ、感謝と精進の誓いを捧げます。

9:45　公案研修

心を徹底的に見つめる公案や、リーダーの心構えや経営の秘訣が学べる公案などを参究します。智慧の言葉を心に刻み、理想国家建設の指針とします。

13:00　自習（レポート作成）

翌週の政治思想講義に向けて、必死に課題に取り組む塾生たち。１回の講義のために7、８冊分の本を読んでレポートを作成することが求められます。

15:00　ディベート講義

講師を招いてのディベート講義で、論理的思考力や説得力を身につけます。実践的な講義で3時間があっという間です。

18:00　夕べの祈り／メディアチェック

メディアチェックでは、新聞や雑誌、海外メディアの気になる記事を各自が持ち寄り、意見交換をします。

■施設紹介

書籍コーナー

大川隆法名誉塾長の著書をはじめとし、政治、経済、経営、歴史など数千冊の良書と、主要各紙、各種オピニオン誌が揃っています。

視聴覚ルーム

大川隆法名誉塾長の法話ＤＶＤやＣＤ、報道番組のＤＶＤなどを自由に学ぶことができます。

塾生募集 ※2011年現在のものです。

国を背負うリーダーを目指す、熱き志ある方の応募をお待ちしています。

応募資格	原則22歳～32歳（入塾時）で、大学卒業程度の学力を有する者。未婚・既婚は問いません。
応募方法	履歴書と課題論文をお送りください。毎年、３月中旬ごろに第一次募集要項（主として新卒対象）、９月中旬ごろに第二次募集要項をホームページ等で発表いたします。論文、面接選考を通じて、５～10名程度の塾生を選出いたします。
待　　遇	研修期間は３年を上限とします。毎月、研修費を支給いたします。

公式ホームページ　hs-seikei.happy-science.jp
問い合わせは　hs-seikei@kofuku-no-kagaku.or.jp まで。

大川隆法 最新刊・法シリーズ

教育の法

法シリーズ
最新刊

信仰と実学の間で

深刻ないじめの問題の実態と解決法や、尊敬される教師の条件、親が信頼できる学校のあり方など、教育を再生させる方法が示される。日本の教育に疑問を持つ、すべての人々に捧げる一冊。

第1章　教育再生
第2章　いじめ問題解決のために
第3章　宗教的教育の目指すもの
第4章　教育の理想について
第5章　信仰と教育について

1,800円

救世の法

法シリーズ
16作目

信仰と未来社会

信仰を持つことの功徳や、民族・宗教対立を終わらせる考え方など、人類への希望が示される。地球神の説くほんとうの「救い」とは――。あなたと世界の未来がここにある。

第1章　宗教のすすめ
第2章　導きの光について
第3章　豊かな心を形成する
第4章　宗教国家の条件
第5章　信仰と未来社会
第6章　フォーキャスト（Forecast）

1,800円

※表示価格は本体価格（税別）です。

大川隆法ベストセラーズ・新しい国づくりのために

この国を守り抜け

中国の民主化と日本の使命

中国との紛争危機、北朝鮮の核、急激な円高……。対処法はすべてここにある。保守回帰で、外交と経済を立て直せ！
【発行：幸福実現党】

1,600円

未来への国家戦略

この国に自由と繁栄を

国家経営を知らない市民運動家・菅直人氏の限界を鋭く指摘する。国家社会主義化を押しとどめ、自由からの繁栄の道を切り拓く。

1,400円

宗教立国の精神

この国に精神的主柱を

なぜ国家には宗教が必要なのか？国民の疑問に答えつつ、宗教が政治活動に進出するにあたっての決意を表明する。

2,000円

大川隆法ベストセラーズ・霊言シリーズ

ザ・ネクスト・フロンティア

公開霊言 ドラッカー＆アダム・スミス

ドラッカーとアダム・スミスが、日本の自由を護るために再び降臨！　経済素人の政権によって、この国を増税の底なし沼に沈めてはならない。

第一部
第1章　発展・繁栄の思想を持つ政治家を
第2章　ドラッカーとの対話　〈P・F・ドラッカー〉

第二部
第3章　防衛費と国家経済の関係とは
第4章　アダム・スミスとの対話　〈アダム・スミス〉

1,400円

ドラッカー霊言による「国家と経営」

日本再浮上への提言

「経営学の父」ドラッカーが、日本と世界の危機に、処方箋を示す。企業の使命から国家のマネジメントまで、縦横無尽に答える。

第1章　企業の使命とは何か
二十一世紀の新しい企業家像　ほか

第2章　日本をマネジメントする
マネジメントの視点から現政権を評価する　ほか

1,400円

※表示価格は本体価格（税別）です。